元西条《さいじょう》尋常《じんじょう》高等小学校長　　檜高《ひだか》憲三《けんそう》

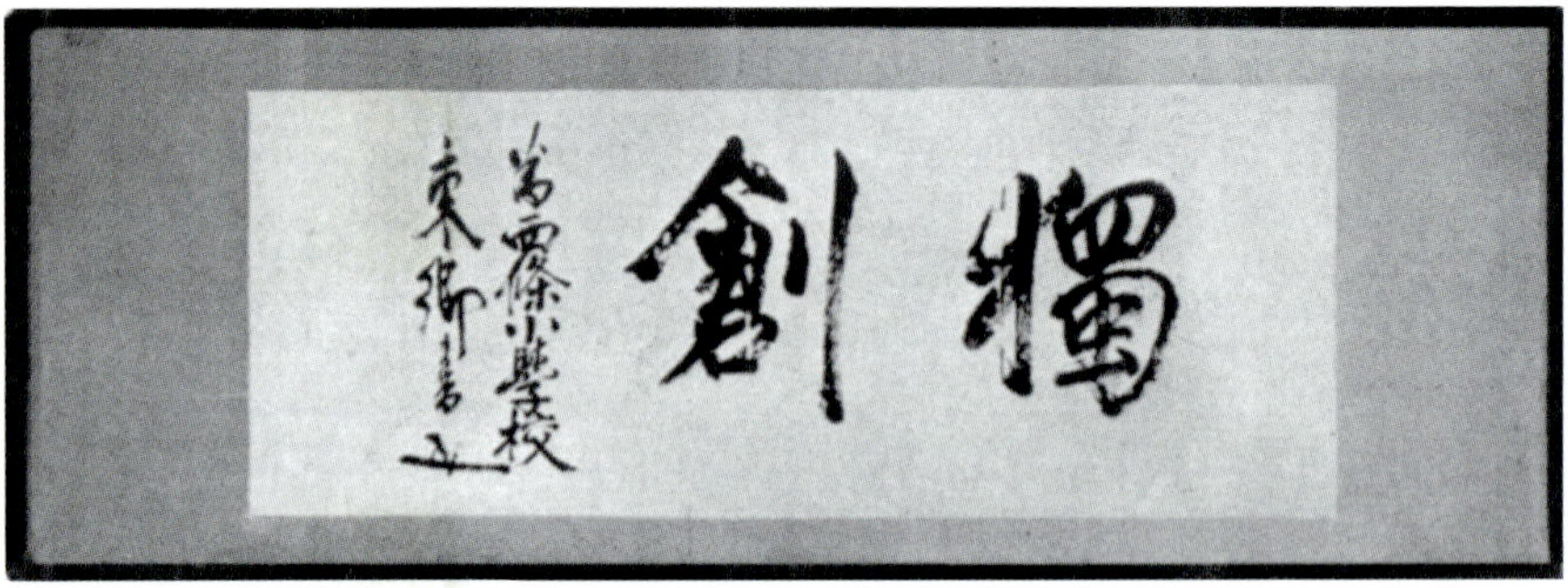

東郷《とうごう》平八郎元帥《げんすい》揮毫《きごう》の扁額《へんがく》　「獨創《どくそう》」

元西条小学校　訓導《くんどう》　堀越敬實《たかみ》先生（左）と著者

御建《みたて》神社境内にある「檜高憲三　教育碑」

右上　東郷平八郎元帥が書かれた「獨創」

右下　元文部大臣、元広島大学長の森戸辰男先生が書かれた
「檜高憲三先生　教育碑」

左上　西条教育同人会代表、広島県議会議員の坂田史郎先生が
書かれた西条小学校の校訓

左下　旧制西条小学校同窓会代表、賀茂鶴酒造取締役会長の
石井武志氏が書かれた碑文

推薦のことば

「子どもが輝く学校づくり、現代に活きる貴重な教育遺産」

坂越正樹氏（広島大学副学長）

「東広島市が誇る西条独創教育の創始者、祖父の偉業を伝える貴重な文献」

山内吉治氏（元東広島市教育長）

「使命感と郷土愛に燃えた偉大な教育者。独創教育の精神は今も受け継がれている」

重光　守氏（元西条小学校長）

坂越正樹先生、山内吉治先生、重光守先生には、本書の出版にあたり、過分なる推薦のおことばを賜り、厚く御礼申し上げます。

はじめに

この本を手にしていただき、ありがとうございます。

この本は、ある小学校の校長と教師たち、児童たちのお話です。

舞台は、広島県賀茂郡西条町《さいじょうちょう》。主に大正末期から昭和二十一年頃までの実際にあったできごとを綴《つづ》ったものです。

昔を懐《なつ》かしんで読まれる方もあるでしょうし、そんな時代があったのかと驚かれる若い世代の方もいらっしゃるかもしれません。

時には檜高《ひだか》校長になったり、時には訓導《くんどう》（教師）になったり、また、時には児童になったりしながら、この時代にタイムスリップして楽しんでいただければと思います。


本書を書くにあたり、大正十四年～昭和九年生まれの八十一歳から八十九歳までの西条小学校卒業生の方々のご協力を得ています。本文に記載したお名前は、西条小学校の元訓導および卒業生の方々のお名前です。

本文中には、差し障りのある表現もあるかと思いますが、歴史的事実として書かせていただきましたので、ご了承ください。

著者

もくじ

第一章　西条尋常高等小学校の朝

「せんけいに集まれ！」

大きなかけ声とともに、全校児童は並んで、きれいな扇形を形成。よく見ると、前のほうには低学年らしき小さい児童、そして後ろへいくにつれ、高学年の大きな児童が並んでいます。児童の正面に立っているのは、私の祖父である校長、檜高憲三《ひだかけんぞう》です。

この小学校には、整列の隊形がいくつかあり、この「扇形《せんけい》」がその一つです。背の低い児童から高い児童へときれいに並んでいるので、みんな前方がよく見えますし、くっついて集合しているため、先生の話がよく聞こえます。

広島県賀茂郡（現在は東広島市）西条尋常《さいじょうじんじょう》高等小学校の朝の一コマです。この小学校では、独創《どくそう》的な教育が行われ、連日のように、全国から参観者が訪れていました。

第二章　何かに導かれながら

1　学習塾「独創学園」

私の父、檜高幹雄《ひだかみきお》は、今から三十年以上前、この地、西条町に「独創《どくそう》学園」という学習塾を開校しました。小学生・中学生・高校生を対象として、少人数制で一人ひとりを大切に、愛情をもって教育を行っていました。私は大学生の頃から父を手伝い、大学卒業後も、常勤講師として塾の経営を支えてきました。

父　檜高　幹雄

ところが、父は病に倒れ、二〇〇三年十二月三十一日、ついに帰らぬ人となってしまったのです。私は父の遺志を継ぎ、二〇〇四年からこの十一年間、学習塾　独創学園の塾長として、塾生の指導・教育や、経営に携わってきました。

ここで、私自身の自己紹介も兼ねて、過去を少しふり返ってみたいと思います。

高校三年生といえば、将来の進路を決める重要な時期。私は、高校三年のとき、最初は教育以外の道に進むことを考えていました。幼い頃からの家庭環境が「教育」一色だったので、少しは外の世界も見てみたいという気持ちがあったのです。

しかし、入試直前の土壇場《どたんば》になって、さまざまな偶然が重なりました。最近お亡くなりになったのですが、西条町に、中学・高校時代の恩師、S先生がいらっしゃいました。その先生の言葉によって、私の運命は一八〇度転換することになります。

「おじいさんが西条では有名な教育者だったのですから、桧高さんも、教育に向いているのではないでしょうか」

大学へ願書を提出する間際になっても、まだ進路のことで迷い続けている私に、高校の担任の先生が、「S先生がそんなことを言っておられましたよ」と、伝えてくださいました。私は、はっと目が覚めました。S先生は六年間ずっと私を見てこられて、この子は教育に向いていると思ってくださったのでしょう。S先生の言葉を聞いて、これまで抑えてきた教育への情熱が、ふつふつとわいてくるのを感じました。

私の心は決まり、入試に向けて、受験勉強にもますます身が入るようになりました。父は、立派な教育者だった祖父のこと、教育に携わることの意味など、いろいろな話をしてくれ、私は、これから将来に向けて、だんだんと夢がふくらんでいきました。これまでの生活態度を改め、一日中机について勉強するだけではなく、忙しい両親をできるだけ手伝いながら、集中して多くの問題にあたりました。入試前であるにもかかわらず、心は安定していました。

いよいよ入試当日。あれだけ勉強したのですから、きっとうまくいくはずです。一時間めは、国語です。

私は、第一問めの問題を見て、びっくりしました！

なんと、そこには、私がつい数日前に夢の中で見た光景が、描かれていたのです！

これは、いったいどういうことでしょう？　天が味方してくれているとしか思えません。問題を解くことが楽しく思え、スラスラと解けました。

次は、第二問めです。問題をひと目見て、私は自分の目を疑いました！

なんと、それは、私が数日前に読んだ本と似たような話だったのです！

私は、入試一週間前に、少しでも読解力をつけようと思って、ある本を読み始めました。猫が数匹登場する随筆でした。目の前の入試問題は、もちろん内容は異なりますが、ここにも数匹の猫が登場しているのです。

私は、入試問題を解きながら、思わずにやにやしてしまいました。試験監督者のまん前に座っていたので、その様子を見られたかもしれません。私は、「おじいちゃんだな！」と思いました。祖父が私を教育の道に行かせようと応援してくれているのだと確信し、鉛筆を握る手にも、ますます力がこもりました。

このように、私の身の回りでは、いろいろと不思議なできごとが起こり、私は、まるで何かに導かれるかのように、教育の道へと進んでいったのです。奇《く》しくも、祖父が昔学んだ師範学校は、私が入学した大学の学校教育学部（現在は教育学部）の前身でした。

私は、そこで学びながら、自分は教えることが好きで、やはり教育に向いていたのだと自覚するようになりました。卒業後は、父と協力し合い、自分たちの信じる方法で教育に邁《まい》進しました。

学習塾の「独創学園」という名前は、父がつけました。祖父、檜高憲三が、地元の西条尋常高等小学校で校長として行った「独創教育」にちなんで、「新しい世代の立派な担い手を育てたい」という願いを込めて名づけたのです。

2　東広島市立西条小学校　創立五十周年記念式典

二〇〇九年の六月のある日、健康のために習っているヨガの教室で、小学校のときの同級生の渡部《わたべ》裕子さんが、いつもの場所が確保できず、たまたま私の隣に座りました。

渡部さんは、言いました。

「西条小学校の創立五十周年記念式典があるけど、桧高さん、来る？」

渡部さんは、西条小学校のＰＴＡ役員をしています。私自身も西条小学校の卒業生であり、誰でも出席できるよという気軽なお誘いに、懐かしい気持ちになり、行ってみることにしました。

記念式典当日、とても気楽な気持ちで向かった受付で、私は、「本当に私が来てもよかったのだろうか」と不安になり始めました。卒業生なら誰でも参列できるものだとばかり思っていたのですが、どうも様子が違うようです。来賓名簿や席次表があり、私のような飛び入り参加者は一人も見あたりません。歴代の校長、教頭をはじめ、肩書きをもつ方々ばかりで、その他には、卒業生世話人、PTA役員、実行委員の方々が参列しておられます。「これは、まったく場違いなところに来てしまった……」と、後悔しながら、渡部さんの隣に座っていました。

新しく建立された「獨創」の碑と著者
（現在の西条小学校にて）

一九五九（昭和三十四）年から一九六〇（昭和三十五）年にかけて、旧西条小学校、吉土《よしと》実《み》小学校、御薗宇《みそのう》小学校、下見《したみ》小学校が統合し、現在の西条小学校が誕生しました。当初は、西条教場、吉土実教場、御薗宇教場、下見教場と呼ばれ、四つの教場に分かれていましたが、一九六二（昭和三十七）年、現在の高台に新校舎が完成し、本格的な統合が完了しました。そして、このたび、その新しい西条小学校が誕生して五十周年を迎えたのです。

その式典では、いろいろな方々のスピーチがありましたが、統合する前の旧西条小学校時代の校長である祖父、檜高憲三について話してくださる方もいらっしゃいました。「おじいちゃんの話が聞けてよかった。もしかすると、今日私がここに来たのは、単なる偶然ではないのかも……」と思い始めました。

式典が終わると、私は渡部さんに、実は、先ほど話の中に出てきた檜高憲三は、私の祖父なのだと言いました。渡部さんは、「えーっ、そうだったん？ 知らんかったわ！」と、たいへん驚き、私が参列したことをとても喜んでくれました。私も、誘ってもらったことを渡部さんに感謝しました。

3　祖父は何をしたのか

二〇一二年のある日、大学で教育について研究をしておられる方から、檜高憲三について話を聞きたいと連絡がありました。祖父について研究してくださっているということを知り、私は感激しました。

私が生まれた頃には、祖父はもう他界していたので、写真を見たり、父や親戚、周りの人々から話を聞いたりするしか、祖父を知る術《すべ》はありません。子供の頃から、「あなたのおじいさんは、西条町のために尽くされた」などと、人からよく聞かされていましたが、断片的な知識しかありませんでした。

檜高憲三は何をしてきたのか、そしてまた、西条尋常高等小学校ではどのような教育が行われてきたのか、真剣に向き合わなければならない時が、いよいよやってきたように思われました。

4　不思議なめぐりあわせ

二〇一三年の四月のある日、二人の男性が私のところを訪問されました。東広島郷土史研究会の方々でした。お話を伺ってみると、地元の教育に貢献した人々を研究し、一冊の本にまとめられるとのことで、檜高憲三についてお話を聞きたいとおっしゃったのです。ありがたいことだと思っていたちょうどそのとき、その内の一人の方から思わぬ言葉を耳にしました。

「郷土史研究会には、九十四歳の会員の方もおられるんですよ。その方は、西条小学校の元教師で、檜高憲三校長のもとで教えていたと言っておられます」

私は、大きな衝撃を受けました。祖父が勤めていたのは遠い昔のこと。当時祖父とともに教育に携わっていた方が、まだ生きておられるとは！

なんというめぐりあわせでしょう！

私は、その先生にぜひともお会いしたいとお願いしました。

祖父についてもっと知りたいと思っていた矢先に舞い込んだ思わぬお話。とんとん拍子に話はまとまり、それから数週間後の五月には、その九十四歳の元教師の方にお会いできることになったのです。

5　堀越先生との出会い

二〇一三年五月、祖父とともに西条教育をやってこられた元教師、堀越敬實《たかみ》先生とお会いする日が、ついにやってきました。

お会いするまでは、どんな方がいらっしゃるのかと緊張していた私ですが、堀越先生のにこにこしたお優しそうな笑顔や、穏やかなお人柄にふれ、すっかり安心しました。

堀越先生は、私の伯父《おじ》、檜高哲雄の担任をしておられたこともあり、伯父のことをよく知っておられました。また、昔、檜高校長の家にもよく遊びに来ておられたので、小学校に上がる前の幼い頃の父、幹雄のこともよく覚えてくださっていました。その後も、父は堀越先生と交流があったようで、先生は、とても懐かしがっておられました。

先生は、九十四歳（現在九十七歳）にもかかわらず、たいへんお元気です。東広島郷土史研究会の元会長で、今でも研究会に所属し、郷土史の研究をしておられます。また、謡《うたい》を教えたり、山登りを楽しまれたり、月に一度開催される「巨樹・植物研究会」の会長を務め、みなさんに植物に親しむことのすばらしさも教えておられます。

今でも、昔、小学校で教えた生徒さんたちにクラス会に呼んでもらっておられるそうですが、生徒といっても八十代。「教え子のほうが年寄りに見える。裸でつきあった子供は、いつまでもむこうも覚えとるんだね。こっちも感激しとります」とおっしゃいます。卒業してから何年たっても、先生は先生、生徒は生徒なのでしょうね。

ユーモアに富み、記憶力も抜群で、七十年前のことを昨日のことのように語ってくださいました。

堀越先生は、大正七（一九一八）年生まれ。昭和十七年から二十一年まで西条小学校（昭和十六年四月～二十二年三月は西条国民学校）に勤務されました。

堀越先生は、広島県賀茂郡東高屋尋常高等小学校高等科を卒業し、広島教員養成所《ようせいしょ》に一年間通い、その後、広島市皆実《みなみ》町の広島県師範学校の本科第一部で五年間学び、昭和十四年三月に卒業します。四月から赴任する小学校の辞令は、卒業時にもらいます。

左から著者、堀越先生、郷土史研究会の菅川さん

当時師範学校に行った人は、卒業後は軍隊に行くことが義務づけられていました。先生は卒業と同時に、すぐに福山の聯隊《れんたい》に入ります。そこで五か月間軍隊生活を送ります。いざ召集がかかったら、士官として戦場に赴《おもむ》くというしきたりでした。

堀越先生が実際に小学校で教鞭《きょうべん》をとるのは、軍隊生活が終了する九月の二学期からになります。先生が軍隊生活を送っている一学期の間は、代用教員が受け持ちます。先生は、広島県豊田郡川《かわ》源村《もとそん》の中川源《なかかわもと》尋常高等小学校に就職しました。

先生は、剣道は五段の腕前をお持ちです。中川源尋常高等小学校の高等科を受け持つ傍《かたわ》ら、青年学校も兼務しました。青年学校とは、義務教育の尋常小学校六年を卒業した後に、中等教育学校（中学校・高等女学校・実業学校）に進学しない青年たちが学ぶ学校です。中川源尋常高等小学校高等科では、勉強以外に剣道も教え、また、青年学校では、軍事教育をしていました。昼間に子供を教え、その後、青年への教育。子供たちとふれあうことが嬉しくて、ひたすら一生懸命に子供たちに接していたとおっしゃいます。それらの学校に一年七か月勤務した後、もう一度広島県師範学校に戻ります。

堀越敬實先生の経歴年表

大正	7年		誕生
昭和	8年3月	（14歳）	東高屋尋常高等小学校高等科卒業
	4月	（14歳）	広島教員養成所入学（1年間学ぶ）
	9年4月	（15歳）	広島県師範学校本科第一部入学（5年間学ぶ）
	14年3月	（20歳）	広島県師範学校本科第一部卒業
	4月	（20歳）	福山聯隊入隊（5か月間）
	9月	（21歳）	中川源尋常高等小学校勤務【訓導】（1年7か月間）
	16年4月	（22歳）	広島県師範学校専攻科入学（1年間学ぶ）
	17年4月	（23歳）	西条小学校（西条国民学校）勤務【訓導】（4年間）
	21年4月	（27歳）	西条小学校より西高屋小学校へ転勤

師範学校には専攻科という科がありました。師

範学校本科を卒業し、いったん教員になった後、さらにもっと勉強したいと望む人たちが、専攻科を受験します。受験生はかなりの人数にのぼったようですが、毎年二十名しかとらないため、たいへん狭き門でした。そこで一年間学びます。

6 堀越先生の広島県師範学校時代

堀越先生が行かれた広島県師範学校とは、いったいどういうところだったのでしょうか。

堀越先生は、高等小学校を卒業後、私立の広島教員養成所に一年間通いました。そこには、いろいろな年齢の生徒が通っていました。先生のように、師範学校を受験するための予備校として通うクラスと、教員検定試験を受験するためのクラスとに分かれていました。

師範学校へ行く以外に、教員になる道は他にもありました。男性の場合、小学校の高等科や実業学校、中学校などを卒業後、独学したり、教員養成所のようなところへ通ったりして、教員検定試験を受験します。そして、それに合格すると、教員免許状をもらい、教員になることができたのです。

広島教員養成所では、受験科目のための授業を受けたり、模擬試験で本番に備えた練習を行ったりしていました。

小学校教員になるためのルート一例（男性の場合）

【堀越先生の場合】

尋常小学校（6年間）→ 高等小学校（2年間）→ 教員養成所（1年間）→ 師範学校本科第一部（5年間）→ 学校に就職 → 師範学校専攻科（1年間）→ 学校に就職

【中学校へ行く場合】

尋常小学校（6年間）→ 中学校（5年間）→ 師範学校本科第二部（2年間）→ 学校に就職

【師範学校に行かない場合（一例）】

尋常小学校（6年間）→ 高等小学校（2年間）→ 実業学校 ⇢ 教員検定試験を受験し、教員免許状を取得 → 学校に就職

尋常小学校（6年間）→ 中学校（5年間）⇢ 教員検定試験を受験し、教員免許状を取得

堀越先生は、養成所を出ると、師範学校を受験します。師範学校は男子だけが学び、女子は女子師範学校で学んでいました。

広島県師範学校の本科には、第一部と第二部がありました。第一部は、尋常小学校六年間と高等小学校二年間を修了した後、この師範学校で五年間勉強しようとする人たちが通います。

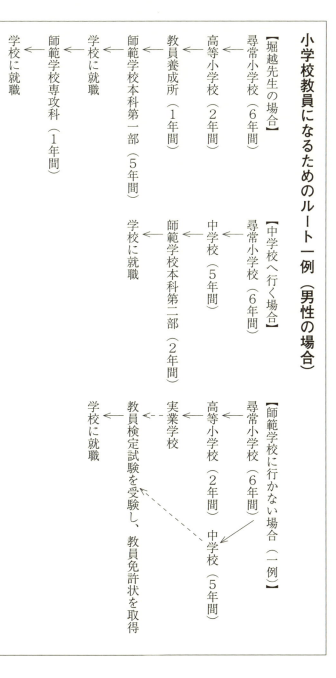

堀越先生は、第一部生でした。第二部は、尋常小学校で六年間、中学校で五年間学んだ後、この師範学校で二年間勉強しようとする人たちが通っていました。

堀越先生が師範学校本科第一部を受験したときは、四十人が合格するところを五百人が受験し、約十三倍の倍率で、かなりの難関だったようです。学科試験は二日間ありました。入試問題は、〇×や名称を答える問題も少々ありましたが、文章で記述する形式がほとんどだったようです。初日の午前中は、理科と算数の試験。その日の夕方には、合格した人の番号が校門に張り出され、半数の生徒が合格します。あくる日の試験は、国語、地理、歴史。一日めの試験に合格した人だけが、二日めを受験することができます。そして、すぐにその場で、合格者の番号が張り出されます。

このお話をお聞きしたとき、私は、理科や算数が得意な人が有利なのではないかと思いました。理科や算数が苦手で二日めの科目で挽回しようと思っても、これでは無理です。

堀越先生によると、例えば、理科がたいへんよくできて、算数が極端にできない場合は、これも不合格になるとのことでした。とにかく、総合点ではなく、五科目全部が偏《かたよ》りなくできていることが重要なのだそうです。これから教師としてやっていくには、いろいろな科目がまんべんなくできていることが必要なので、どの科目も点数が取れていないと合格にはならないのです。

そして、三日めは面接試験。二日めに合格した人だけが受けることができます。これを突破すれば、合格となります。

師範学校の一年生から四年生までの間は、講義を受ける毎日でした。第一部と第二部とでは、まったく異なる授業を受けていたそうです。

三学期制で、学期ごとに学期末試験があり、そこで順位が決まります。通知簿があり、順位や十点満点での評点が書いてありました。四点以下の場合は、赤字で書いてあり、これが二回続いたら落第となりました。これはかなり厳しいです。例えば、三年生を落第したら、三年生をもう一度やることになります。「落第」とは言わずに、「だぶる」と言っていました。上の学年からだぶってきたり、今の学年から下の学年へだぶったり。だぶることは、よくありました。学生たちは、常に気が抜けませんでした。容赦なくだぶらせることで、学生たちは向学心に燃えていたのだそうです。ちなみに、堀越先生は、だぶりかけたことはあったけれど、大丈夫だったようです。

夏休みは夏休みで、各教科から膨大な量の宿題が出され、大変でした。

師範学校の第一部では最終学年である五年生、第二部では二年生になると、三か月間、教育実習があります。教育実習先は、広島市皆実町にある広島県師範学校内の附属小学校と、代用附属小学校である、公立の安佐郡の緑井小学校・広島市の皆実小学校の三校です。堀越先生は、緑井小学校の教育実習に行きました。緑井小学校に配属された学生たちは全員、宿泊施設に泊まり込みで実習を行いました。例えば、小学校四年生に配属されれば、四年生の担任に付いて、教え方を見習ったり、児童に生活面での指導を行ったり、授業を持たされたりするなど、実践を通して学ぶことができました。

このように、師範学校生は、厳しい環境の中で鍛えられました。師範学校を卒業すると、教員免許状をもらい、教員になるための試験は受けなくても、即教員になることができます。どこの学校に行くか辞令が来るのを待ち、就職は必ず全員決まっていたのだそうです。

本科の学生は全員、寄宿舎で生活します。学校の敷地内には、校舎と寄宿舎がありました。堀越先生は、寄宿舎生活で人間ができたとおっしゃいます。一つの部屋で、本科第一部の一年生から五年生までと第二部の一・二年生の、約十名が寝起きをともにします。みんな一緒に食べたり飲んだり、時にはけんかしたりしながらも、みんな仲良くやっていたそうです。一、二年生は、上級生の世話をします。靴を磨いたり、床《とこ》をとったり。寄宿舎ではベッドなので、ふとんをきちんと整えて、すぐに寝られるようにしてあげるのです。

何日かに一回は、部屋ごとに夜警の当番がまわってきます。「夜警室」という部屋があり、そこで寝たり、見回りをしたりしていました。寄宿舎や校舎の周りを一つずつチェックしながら見て回ります。回る順番は決まっています。夜警をするとパンが二個ずつもらえるので、お腹をすかせた学生たちは、みんな嬉しくて、それにつられて本気でやっていたのだそうです。当時は、夜警をしなければならないぐらい物騒だったのかとお尋ねすると、そんなことはなく、五年間で異常が見つかったことは一度もなかったとおっしゃいました。

時には、上級生から「今日はおまえ一人で回ってこい」と言われたこともありました。それぞれの場所に置いてある確認の判を一つひとつ押して回らないといけないので、いい加減なことはできません。堀越先生は、「寂しかったよ。肝試しのようで怖かった」と、当時を楽しそうにふり返っておられました。

堀越先生は、本科を卒業して、中川源尋常高等小学校に一年七か月勤務した後、今度は専攻科で学びます。ちょうどその頃、広島県師範学校は、広島市の皆実町から東雲《しののめ》町に移転します。

専攻科には、さまざまな年齢の学生が集まっていました。例えば、五年ほど教員をやってから来る人もいれば、一年で来る人もいます。実際に教員をやってみて、もっと深く学びたいと思った人たちが入学するのです。いろいろな学校での経験者ですから、さまざまな経験談が聞けるという良さがありました。教育実習はありませんでしたが、その代わり、専攻科では、高度で専門的な理論の講義を受講し、学問的追究をしていきました。論文を書いたり、読書に没頭したりしました。教育というものを学問的に掘り下げることによって、物の見方が広く、深くなっていったのです。

西条小学校で教鞭をとっている教師は、ほとんどが師範学校専攻科の出身者でした。このように優秀な教師ばかりを集めた公立小学校も、珍しかったようです。当時は、各学校の校長が誰を採用したいかという希望を出し、教育委員会が辞令を出していました。堀越先生は、専攻科を卒業するときに、檜高校長から西条小学校に来ないかとの誘いを受けました。

堀越先生　「喜んだよ、そりゃあ。我々は、西条小学校というのは立派な学校じゃいうことは知っとったからね。私も西条教育に憧れとった。だから、そこへ来いと言ってもらえたんだから、それは嬉しかったよね。とびあがるほど嬉しかった」

第三章　堀越訓導誕生

1　堀越青年、西条小学校への赴任

西条小学校での採用が決まった二十三歳の堀越青年は、今日これから、西条小学校の檜高憲三校長と初めて会うことになっています。教頭に案内されて、校務室（職員室）に入ります。檜高校長は、四十五歳。

堀越青年と話をする間、檜高校長は、一枚のハガキをずっと手に持っています。それを見て、堀越青年は、いたく感激しました。

実は、採用が決まったとき、堀越青年は、すぐに校長に宛ててハガキを書いていたのです。「お世話になることになります。よろしくお願いします」と。

堀越青年は、自分の書いたハガキを手にし、自分のことを認め、大切に思ってくださっている校長の気持ちに応えたいと、「こりゃ、やらにゃあいけん」と思いました。

檜高憲三校長

堀越先生　「感動したねぇ。こりゃあ……と思うたね。私のような者でもね、大校長が認めてくださっているの

かと思うと嬉しかったよ。ああいうところが偉いんじゃろうね、やっぱり。人の心をぐわーっと、盛り上げてくれてんよ。できんよ、そりゃあ」

校長は、「これを読んでみなさい」と言って、自分が書いた『皇民錬成　西條《さいじょう》教育』という一冊の本を手渡しました。それは、ちょうど前年に出版されたばかりの本でした。

勤務がスタートするまで数日あったので、堀越青年は、その本を一生懸命に読みました。読んでいくうちに、西条教育とはどういうものなのかが、だんだんとわかってきました。西条小学校が有名な学校だということもよくわかり、しっかり勉強しなければという自覚も芽生えてきました。「よし！」と気合いを入れ、自分の中で、これから教育に取り組んでいく決意が固まりました。

2　当時の学校制度

檜高憲三が校長に就任した当時は、六年間だけの「尋常小学校」がありましたが、西条尋常高等小学校のように、六年間の「尋常小学校」に二年間の「高等小学校」が併設された「尋常高等小学校」もありました。昭和十六年四月から昭和二十二年三月までは、国民学校令の施行により、六年間の初等科と二年間の高等科が併設された「西条国民学校」となります。校区が決まっていたので、自分の校区内の学校に通っていました。小学校六年間が義務教育でした。

国民学校令により、義務教育は八年間となりますが、戦局の激化により、結局は実施されませんでした。

当時の西条小学校からは、小学校六年を修了すると、受験し、広島市の中学校や高等女学校に通う児童が数名いました。男子は、広島一中《いっちゅう》（広島県立広島第一中学校）、広島二中《にちゅう》（広島県立広島第二中学校）、広島高等師範学校附属中学校、修道中学校、女子は、第一県女《けんじょ》（広島県立広島第一高等女学校）、第二県女などへ進んでいました。

その他の男子児童の多くは、西条小学校六年を卒業後、西条小学校の高等科にそのまま進み、農業・商業・工業などの実業学校へ進んでいました。特にこの辺りでは、広島県立西条農学校へ進学する児童がたくさんいました。女子は、西条小学校六年を卒業後、そのまま西条小学校の高等科に進むか、あるいは広島県立賀茂高等女学校へ進学する人が多かったようです。そして、教員をめざす人は師範学校へと進みました。西条小学校の高等科に入るには試験はありませんでしたが、その他の学校は、どの学校へ進むにも、必ず入学試験がありました。

進学せずに、すぐに就職する人や、家で農業や家業を手伝う人もいました。

先にも述べましたが、堀越先生によると、青年を対象とする青年学校というのもあったようです。青年学校は各小学校にありました。中学校・高等女学校・実業学校などの中等教育学校には進学せず、勤労に従事しようとする青年たちが通っていました。働きながら、青年学校に通う生徒もいました。男女はクラスがはっきりと分かれていて、教室も、授業内容もまったく別でした。この辺りでは、生徒も農村の出身者が多いため、男子は主に農業を学び、女子は家庭科、特に、家事、裁縫を主に学んでいたようです。男性教員はだいたい農業、女性教員は家庭科を教えていました。青年学校の教員は、「教諭」と呼ばれていました。

西条小学校にも、青年学校がありました。堀越先生が勤務していた頃は、男性教諭一名、女性教諭一名が、その指導にあたっていました。青年学校の生徒数は少なく、十～二十名ほどでした。

3　西条小学校

当時の西条小学校は、現在の広島県東広島市西条町のＪＲ西条駅の北側の小高い丘の上にありました。堀越先生は、すばらしい記憶力をお持ちで、校舎の見取り図を思い出して描いてくださいました。

東校舎は一番古い校舎です。一階建てで、一年が二クラスと四年が一クラスあります。校舎の運動場側が廊下になっていて、その真ん中あたりに開けたところがあり、運動場におりる三段の階段があります。この階段の部分を利用して、「表現会」を行っていました。

西条小学校正門（大正元年）

西条小学校（手前は線路）

当時児童だった中原さんの頃は、一年一組を「一学級」、一年二組を「二学級」、二年一組を「三学級」などと呼んでいました。各学年二クラスずつあり、四年までは男女共学クラスですが、五・六年は男女別のクラスに分かれます。高等科は男女共学クラスです。

中校舎は一階建てで、校務室（職員室）、応接室、理科室、理科準備室、休養室（保健室）などがあります。理科準備室には、骸骨《がいこつ》や解剖の模型が置いてあり、とても印象的だったようです。中校舎の北側と南側が自由に行き来できるように、中校舎の真ん中あたりには、通り抜けられる通路があります。

昭和十一年に落成した西校舎は二階建てで、五・六年、高等科一・二年の教室があります。

北校舎は二階建てで、二・三年が二クラスずつと、四年が一クラスあります。

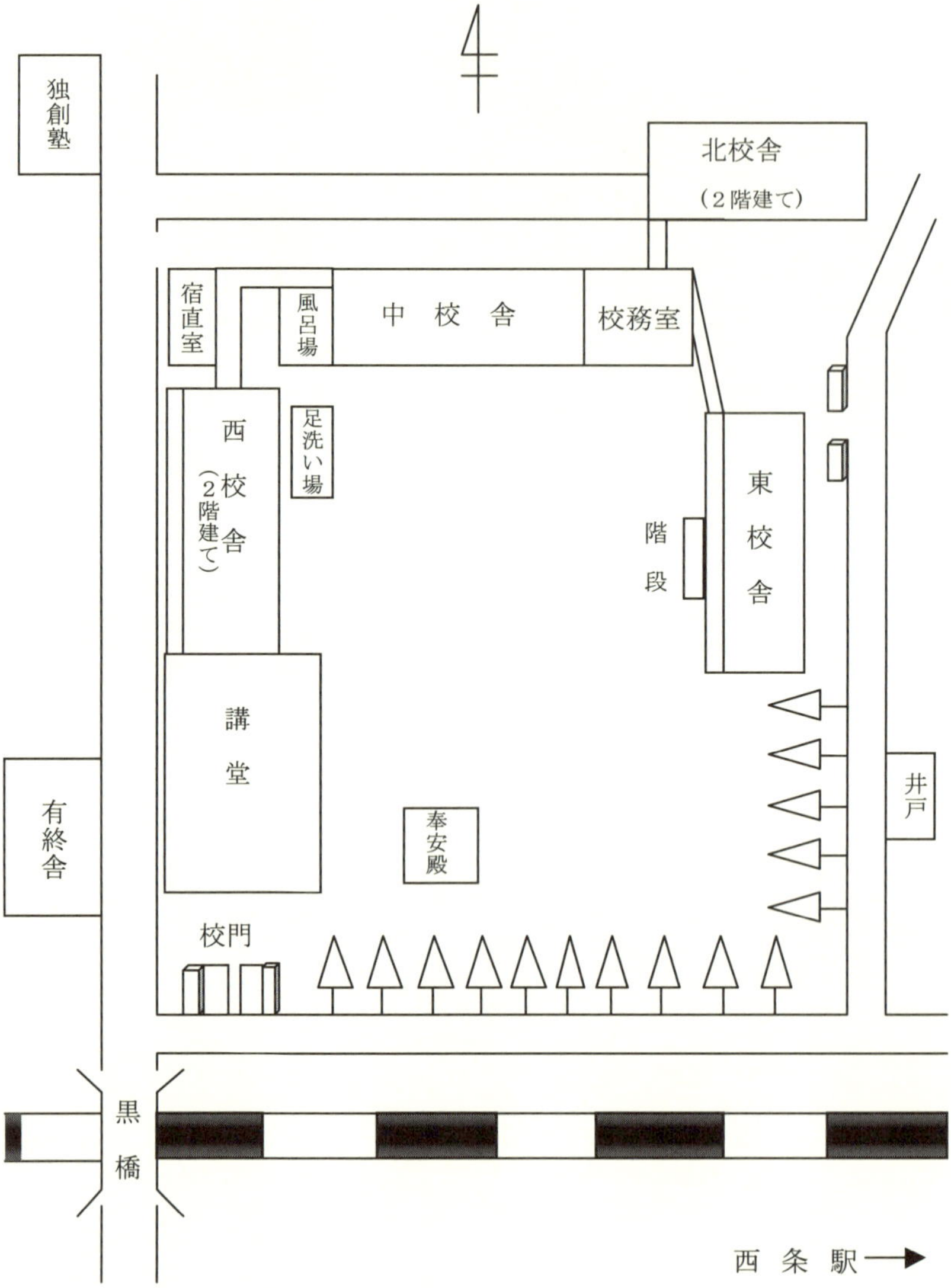
北
独創塾
北校舎
（2階建て）
宿直室
風呂場
中　校　舎
校務室
西校舎（2階建て）
足洗い場
東校舎
階段
講堂
有終舎
奉安殿
井戸
校門
黒橋
西　条　駅

4　教員生活

前列左から２人めが堀越訓導、７人めが檜高憲三校長

昭和十七年四月、いよいよ西条小学校に堀越訓導の誕生です。

当時は、小学校の教員を「訓導」と呼んでいました。堀越訓導は、一年めは高等科を受け持つことになります。

新任の教員には、校長自らが指導をしますが、具体的な授業の進め方などは、研究授業を通して他の教員から習います。見よう見まねでやってみたり、わからないところは他の教員に尋ねたりしながら学んでいきます。

西条小学校では、毎日の授業に行事にと、教員は大変だったようです。

堀越先生　「大変ですよ。先生は大変。何時間寝よったと思う？　五時間。よそから来た先生

が、『そんなにしよったらだめぞ。七時間は寝にゃだめぞ』と言いよったことがあったが、そうまでよう寝なんだね」

教員は、学習指導案を書かなければなりません。こういうときにはどうするか、こういう問題が出たらどうするかなど、授業の進め方や、児童への発問など一言一句を詳しく綿密に書いていきます。Ａ４の用紙いっぱいに一時間ごとに書きます。五校時まで授業があったら、五枚書かなければなりません。それを書かずに教室に出るということはありませんでした。

第一校時から五校時まで書いたものを、毎日、檜高校長に提出します。校長はそれを読んで、判を押し返却します。教員は、教えるときは学習指導案をいちいち見ることはできないので、内容を頭に入れて授業に臨みます。

著者　「学習指導案を見て、『ここはよくない』などと、指摘されたりすることはあるのですか」

堀越先生　**「ありますよ。ただ判をつきようるだけのように見えるけど、目を通しとってよ。それは校長の仕事だから。校長が具体的な指導をしたりね。そういうことによって、先生は刺激を受ける。『判だけつきよってんかと思っていたら、読んどってん**

か……』と先生は思う。朝来たら、校長さんの机の上に、みんなが教案（学習指導案）を重ねとるわけよ。それに判をついて。時には、赤線を引いたりしてんよ。校長さんが読んでくれとってと、わかるじゃない」

堀越先生　「書くことは非常に大切だからね。私がのちに校長になってからも、絶対それ（教員に、毎日学習指導案を書いて提出してもらうこと）だけは、譲らなんだ。必ずやってもらった」

その日の授業がすんだら必ず反省を書き、翌日には、次の学習指導案と一緒に提出します。そうすることで、教員も教える側としての責任を意識するようになり、授業もよりよいものになっていきます。

書類に埋もれた檜高校長

校長が各教室を見て回り、抜き打ちで自分の授業が見られることもあるので、教員は気が抜けません。

赴任した当時、堀越訓導は、ひたすら子供に集中していました。子供と接することが生きがいで、とにかく一生懸命でした。

著者　「堀越先生が西条小学校に赴任されたとき、児童は、どんな様子でしたか」

堀越先生　「しゃんと、しとったように思うね。社交的なというか。人の心がわかる。挨拶《あいさつ》とかお辞儀とか身についとったんじゃないかと思うよ。学校での平素の教えが身についとったんじゃろうね。そういう感じはあったね」

第四章　西条小学校長　檜高憲三

1　檜高憲三の訓導時代

ここで、私の祖父、檜高憲三についてご紹介しておきたいと思います。

祖父は、明治三十（一八九七）年、広島県賀茂郡（現在は東広島市）西高屋村《にしたかや》に檜高八十《やそ》八《はち》、リサとの間に、長男として生まれました。

八十八夫妻の長男憲三、次男繁、三男繁次《はんじ》は、三人とも師範学校で学んで教師になり、地元では、「檜高三羽《さんば》ガラス」と呼ばれていました。

檜高憲三の生家

檜高憲三は、大正六年三月、広島県師範学校本科第一部を卒業後、四月より広島県賀茂郡西条尋常高等小学校（以下、西条小学校と略記）に訓導として約三年間勤務します。檜高の熱心な指導により西条小学校の校風はすっかり変わり、活気を帯びてきました。また、その手腕を認められ、保護者や児童からも厚い信頼を得ていました。

その後、大正九年より広島県師範学校附属小学校に訓導として抜擢《ばってき》され、約三年間勤務します。附属小学校では、当時、「八大

広島県師範学校の
同級生たちとともに
（右端が檜高憲三）

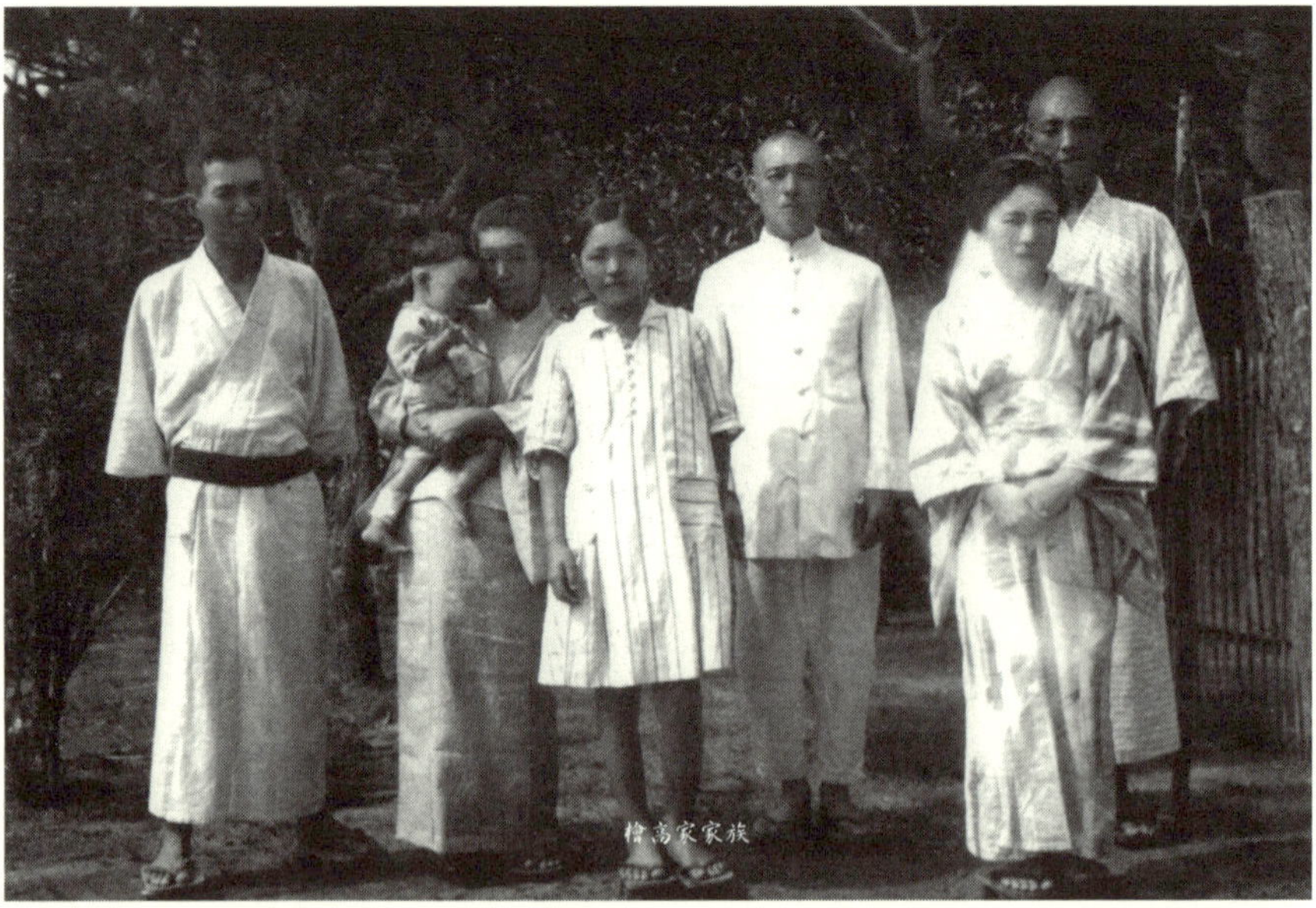

母・弟妹などとともに（左端が長男憲三、右から３人めが次男繁、右端が三男繁次。3人合わせて「檜高三羽ガラス」）

「大正10年５月４日厳島参拝記念」広島県宮島にて、広島県師範学校附属小学校の訓導たちとともに（前列左から３人めが檜高憲三）

檜高憲三の経歴年表

明治30年　誕生
大正６年３月（20歳）広島県師範学校本科第一部卒業
　　４月（20歳）西条尋常高等小学校に訓導として勤務（２年９か月間）
　９年１月（22歳）広島県師範学校附属小学校に訓導として勤務（３年３か月間）

教育主張」の一人として有名だった千葉命吉が主事でした。檜高憲三は、その千葉命吉から大きな影響を受けたといわれています。

2　檜高憲三、校長就任のいきさつ

海抜約二一〇メートルの高原性盆地の中央に、西条町は発達しました。

江戸時代、西条町は、山陽道が通っていたことから、四日市という宿場町として栄えていましたが、町民は、宿場精神により、その場限りの個人主義的・排他的傾向があったといわれています。

明治時代になると、宿場は廃止され、鉄道が敷設されます。西条駅がつくられ、この地方の交通の中心地となります。商業や醸造業も発達し、今日では、「日本三大銘醸地　西条」とまでいわれるほどに、酒どころとして有名になりました。

しかし、当時の西条町民は、町を愛する気持ちに乏しく、町としての統一性に欠けていました。現状に満足し、何に対しても対立的・部分的・一面的にしか物事を考えないような風潮もあったようです。また、酒の町ということもあって、教育的には、決してよい環境とはいえませんでした。

大正十年頃、ある利害関係の絡《から》んだ感情的な政治問題が発端となり、町の政治が二つの派に分かれ、町民も分かれて争うほどの大きな問題へと発展していきます。そして、大正十一年、ついに町の行政は行き詰まってしまいます。

西条小学校の歴代の校長も、仕事がやりづらく、外形を繕《つくろ》う程度にとどまっていたといわれています。

このような混乱の中、当時の西条小学校校長が、自分は引退するので、自分の後を引き継いで校長をやってもらえないかと檜高憲三に打診します。檜高が残した手記をもとにした、そのときの模様です。大正十二年一月十四日のことです。

檜高　「一体私の様な者でも校長になれませう《しょう》かね。とても校長なんて出来やしませんよ」
校長　「考へ《え》るより生むが早い。君には充分出来るよ」
檜高　「第一、首席の経験もない私が校長として部下の統御は勿論、事務の処理も出来ませんよ。何《な》んと言ってもこの若者がとてもとても……」
校長　「愈々《いよいよ》城のあけ渡しになるとよく了解してゐ《い》る君に後を頼みたいのだ。町長も希望だし町民全体も君を希望して居る。ホントに君は皆の者から尊敬され信頼されているよ。せんだって町長も話してゐ《い》た。檜高なら誰一人として反対するものもないから君の後任には檜高をとると。ホントに信用されてゐ《い》るよ。一つやる気になり給へ《え》」
檜高　「でも、信用されればされるだけ私は恐ろしくなります。とても皆さんの希望を満足させる様なことは出来ませんよ。校長さん。私は校長はとても出来ませんよ」
校長　「君、そんなに謙遜しなくてもよい。殊《こと》に君の様に縣《けん》師範で鍛へ《え》た者には、なぁに譯《わけ》ないよ。好機會《こうきかい》といふ《う》ものは何時も来るものではない。機會をうまくとらへ《え》る人が成功者だ。君、出来るよ。やる気になり給へ《え》。實際吾々《じっさいわれわれ》は機會を見て進むことが何《な》によりだ。そんなに考へ《え》ることは要らぬよ」
檜高　「どうも自信がありません。私は前から言ってゐ《い》る様に校長は希望ではありません。現在の私は校長の器ではありませぬ」

檜高憲三は、自分はまだ若くて未熟であることを理由に断りますが、西条小学校に勤務していたときに、熱心な指導を行った実績を買われ、懇願されます。

檜高は、冷静によく考えてから答えを出したいと言って、帰途につきます。

その日は、広島に帰ってからも、一晩中、校長になるべきかどうか悩みます。「時々、一つ校長になって三年程ウントやってパット教育界を打切ろうかといふ衝動《う》が起きた。」とも、手記には書かれています。

檜高憲三の父　八十八

檜高憲三の母　リサ

翌朝、附属小学校に行って同僚たちに相談してみます。檜高は当時最年少。校長になるには時期が早いと、みんなから強く反対されます。檜高は断る方向でいこうとほぼ決心を固めました。

「委細を故里の父母に通知して、電報で返事を求めた。

翌々日の夕方、『電報』とケタタマシイ聲《こえ》が二階の室にひびいた。校長になるのはフサンセイだと言ってよこしたのだと思って開いて見れば『コウチョウニナレ　ジキヨシ』とあった。堅い決心も、この返電によって少《すこ》しく動揺した。

但《ただ》し心の奥底から帰る気にはどうしてもなれなかった。三月六日に縣女《けんじょ》（広島県立広島高等女学校）の試験が始まるので、自己の身上も眞劍《しんけん》に考へ《え》ねばならなかったが、それ以上教へ《え》子のことに気をもんでゐ《い》た。」

檜高は、当時、広島県師範学校附属小学校で六年生を担任していました。三十名は縣女に合格させたいという目標をもっていたようです。十月、十一月、十二月と努力を増していき、一月、二月には、全勢力をあげてやりました。他の人がやらないような独自の方法を編み出し、檜高の計画が成功していくのを見て、保護者たちは心からその計画に共鳴し、心から感謝し始めたといいます。

親孝行をして両親を喜ばせたいという思い、教え子のことが気になり、入試に集中したいという思い、自分の理想の教育が実現しつつある附属小学校への後ろ髪引かれるような思いの間で、檜高の心は大きく揺れます。

しかし、結局、西条小学校の児童・保護者のみならず、西条町民が檜高の校長就任を望んでいるという話に突き動かされ、檜高憲三は、西条小学校の改革を誓うのでした。

このようないきさつから、檜高は、この大きな問題を抱えた西条町、そして西条小学校に

檜高憲三

戻ってくることになります。檜高が新校長として西条小学校に赴任したのは、大正十二年、二十六歳の春のことでした。
檜高憲三にとっての人生を賭けた戦いが、まさにこれから始まろうとしているのでした。

第五章　若き校長の学校改革

1　立ちはだかる壁

大正十二年春、西条小学校に檜高新校長が誕生します。

当時の西条は、二つの政党の対立により、町が二分されていました。ある政党が檜高憲三を新校長にと要求し、強く推してくれたのですが、校長に就任後一か月にして、反対政党の世の中となり、檜高にとっては、非常にやりにくい状況になりました。

教育の理想に燃え、すべてを捨てて西条に戻ってきた檜高でしたが、実際は、町民は教育に無関心であり、このような環境の中で、西条町の教育をこれからどのようにやっていくのか、それが大きな課題でした。

檜高校長は、広島県師範学校附属小学校訓導時代から自分の主義としている次の三つを教育目標として掲げます。

一、上品であれ
二、赤裸々《せきらら》であれ（率直であれ）
三、正々堂々と事にあたれ

このような人間に育てる

目標を掲げ、それに向かって突き進んでいこうとする檜高校長の前には、三つの大きな壁が立ちはだかっていました。

一つめは、政党です。檜高校長は、これにとらわれないように、超越して、西条教育を行っていこうと決心します。

二つめは、保護者です。保護者会の幹事が学校を監督するような感がありました。この気風を打ち壊《う》すことに力を入れていくことにします。

そして、三つめは、児童の学習態度ができていないということです。

檜高校長は、まず、三つめの学習態度を改めることから着手します。子供を通して、教育に無関心な保護者を教育すること、そしてさらに、教員を育てることも考えます。

しかし、現実は、主義方針をもって何かを実行しようとすれば、邪魔や反対にあい、いつも四面楚歌。でも、いつかは理解してもらえるとの強い信念をもって、綿密な計画を立てては実行し、勇気をもって邪魔や反対を突破していきます。攻撃や非難を受けても、信念を貫こうとします。ただひたすら教育のことだけを考え、休日もなく、必死に働いて、一生懸命に尽くします。

校長に就任して数か月がたち、檜高校長は、ふと、あることに気づきます。こんなに必死に働いているのだから、何の心残りもないはずなのに、なぜか自分の心の中に安らぎが感じられないのです。

奮闘してきたこの数か月間を、静かにふり返ってみました。

これまでは、いつも自分を主体にして判断し、他を顧みることはありませんでした。もしかすると、そこに無理があったのではないだろうかと考えるようになります。この気づきは、檜高憲三の人生観、そして檜高憲三そのものを根本的に覆《くつがえ》すほどの、新しい発見となります。

無理があるところに満足はなく、全体の感激は生まれてきません。教育もまた、無理がなく、みんなが満足し、すべてが感激するものでなければならないのです。それでは、みんなが満足し、全体が感激するには、いったいどうすればよいのでしょうか。

檜高校長に、ある考えがひらめきました。

「相談」です!

これこそが、自分の探し求めていたものであると檜高校長は確信しました。

意思の疎通を図るのです。でも、それは、一つの意思でもって、他を屈服させたり、指導することではありません。相談によって、意思の疎通を図ることで、みんなで一つの意思を生み出していきます。すべてを相談によって解決していくことで、みんなが満足し感激が生まれ、そこには無理もなく、お互いに理解し合い、共感し合うことができます。そして、各自が自覚や責任をもつようになるのです。

二十六歳の若き校長を救った道。これは、まさに広島県師範学校附属小学校の訓導時代に、主事であった千葉命吉から学んだ「相談」だったのです。

西条小学校の改革のみならず、日本教育全体の革新をもめざし、西条小学校は、思い切ってこの相談方式をとり入れていくことになります。

2　学校改革への取り組み

檜高校長は、学校が一丸となり、まとまっていくためには、まずは、小学校の最高学年である高等科二年生（以下、高二と略記）を鍛えることが重要であると考えます。

高二の指導には特に力を入れ、これを中心に学校改革を行っていきます。そうすることで、高二の児童も、責任ある立場として生き生きと自主性をもって、たいへん充実した学校生活を送ることができるようになるのです。

例えば、職員会議などで教員が教室に出られないときには、高二が各教室に行って、学習訓練の監督指導にあたったり、朝の学校、寒稽古《かんげいこ》、縄跳《なわと》びデーなどの行事は、全部高二主催で学校を動かしていったりします。これが各児童の生活に大きな好影響を与えることとなります。

そして、児童会議に主力を注ぎ、週に一回（のちには月に一回）開いて、その内容も充実させていきます。これは、全校児童が講堂に集合して開く学校自治会です。これが発展し、学級自治会、学級反省会も生まれました。ここで、先ほどの「相談」をとり入れていきます。

児童会議や反省会は、教師と児童の相談によって、学校の統一を図り、協同自治・全児童の団結・社会奉仕を学ぶなど、あらゆる訓練の場にしていきました。教師と児童が、何の遠慮もわだかまりもなく、同じ立場で相談した上で決定して実行するので、お互いに理解し合い、自覚も生まれ、それぞれが責任をもつようになります。相談によって決めることで、児童はやらなければならない立場に置かれるので、熱心に行い、何事も永続きします。

これまでは、特別な児童に賞を与えていました。昔は、どこの学校でも、一年生から六年生まで各学年、「勤勉超衆《ちょうしゅう》」（全出席した。皆勤）、「操行《そうこう》善良」（道徳的な面から見てふだんの行いがよい。行儀がよい）、「学力優秀」な児童は、学年末に、一等賞から三等賞まで表彰を受けていたようです。

しかし、西条小学校では、特別に限定された子供への賞は全部廃止することにします。全員が真剣に活動するので、全員に平等に、一年間よく働いてくれたという意味で、記念品を与えることにします。


檜高校長は、どんなことでも実行に移す前には、計画を慎重に上手に立てる必要があると考えます。三年間は継続して行うつもりでやります。失敗したらどうするかということまで、あらかじめ、いろいろな方面から考えておきます。特に、教育は無理のないものでなければなりません。一度や二度うまくできたからといっても、安心はできません。永く続けないと効果はあがらないのです。

「循環、鍛錬、継続」が、実績をあげる原理です。

永く続けるといっても、いつも同じことばかりを繰り返すのではなく、循環のたびに、新しさを加えていかなければなりません。新しさがあり、価値のあることが独創なのです。この循環によって、教育は、徹底し充実していきます。

何度も繰り返し、鍛練を重ねることによって、その本当の価値を発揮するようになり、深みを増していくのです。そして、それを継続していくことで、必ず実績をあげることができるようになるのです。

また、反省も重視していました。

人は誰でも、立派な計画を立て、それを実行するためには、かなり努力しますが、その後始末はおろそかになりがちです。児童がよくやってくれて、一つの行事を滞りなくうまく進めることができれば、それだけで、もう安心してしまうのです。しかし、それでは発展しません。一つの行事を実施したら必ず反省を行います。反省は、次への活力を与えてくれます。最初の目的や本質と照らし合わせてみて、その教育効果がどうであったかを見つめ直すのです。反省によって、緩《ゆる》む心は引き締まり、将来の発展へとつながっていきます。

練りに練り、鍛えに鍛えていきます。できればできるほど、ますます鍛えます。本当の力となるまで鍛え上げるのが教育です。

反省の結果は記録に残していきます。これは生きた記録であり、将来への道しるべとなります。

このような取り組みの成果として、児童は次のような特徴をもつようになりました。そして、これが確立し、校風になっていきます。
一、　児童が元気はつらつとして、のびのびしている

二、何事も自分から進んで自覚ある活動をする（学習、奉仕作業、表現会、身体鍛練など）
三、人真似をしない
四、計画的に仕事をする
五、やればできるという信念をもつ
六、どの教師の言うこともよくきく（校長から女性訓導、専科訓導まで誰に対しても）
七、児童役員の言うことをよくきく（監護当番、級長に対して）
八、不平を言わない
九、責任観念が強い
十、男女児童の仲がよい（お互いに助け合い、喧嘩《けんか》をしない）
十一、嘘をつかない
十二、時間をよく守る（遅刻がない）
十三、整理整頓後始末をよくする（使用したものが乱れたり、ころがっていることはない）
十四、掃除を自分のこととして行う
十五、規律正しい
十六、秩序正しい（足を洗ったり水を飲むときに、きちんと並んで混雑しない）
十七、服装が正しい

十八、骨惜しみをしないで働く
十九、よくまとまって仕事をする（すべてのことを、学級を最小単位としてよく協同して行う）
二十、何事も永く続ける（朝起き、表現会、児童反省会、日光浴、冷水摩擦など）
二十一、行いに裏表がない
二十二、学校によく親しみ、真剣に働く（年中《ねんじゅう》学校に来て、学校のために働く）
二十三、学校の物を大切に取り扱う
二十四、師弟朋友間の情誼《じょうぎ》（人情や誠意）が厚い（卒業しても学校や後輩のことを思い、よく通信する）
二十五、高学年の者が低学年の児童をよく世話する（荷物や靴の世話まで）

（檜高憲三著『西條《さいじょう》教育の實際《じっさい》』による）

若き檜高校長への風当たりは強く、周囲の声に悩まされることもよくありました。しかし、一つひとつ問題を解決し、万難を排して前進していきます。

最高学年を中心に学校を動かしていく。「相談」をとり入れ、児童の自主性を尊重する。児童全員を輝かせる。計画を綿密に立てて、永く続ける。反省を行い、次への発展につなげる。

檜高憲三が、もがき苦しみながらも、ここでつかんだもの。

これらが、実は、これからの檜高校長の学校経営を支える大きな柱となっていくのでした。

3　独創教育と校訓

大正十二年には、「まじめで働きあるえらい人をつくる」と西条教育の教育方針を決定します。のちに、それは、「まじめで働きあるえらい日本人をつくる」に変わります。

校訓は、誰が見てもすぐにわかるものであるように考えてつくられました。西条小学校の校訓は、次のようなものでした。

まじめで働きあるえらい日本人になります。
何事も自ら進んで、正しく、強く、優しく、永くやります。

西条小学校が、長い間、不動の信念のもとに一貫した教育を行うことができた原動力は、この校訓にあるといっても過言ではないようです。この校訓は、巣立って行く卒業生の胸にも深く刻み込まれており、生涯にわたってこれを生活指針とするよう期待されていました。

檜高校長は、のちに、このように書いています。

「眞剣《しんけん》に眞面目《まじめ》に小学校教育を考へ《え》て愛する兒童《じどう》を役だつえらい日本人に育てあげることはとても並大抵ではなく山越え谷越えあらゆる艱難《かんなん》を突破する血のにじみ出る様《よう》な苦しい苦しい

行《ぎょう》であります。」

当時の国際情勢から見て、日本は大きな難局に立たされていました。これを切り抜けるには、独自の優秀な日本文化を独創するより他に考えられませんでした。外国には外国独自の教育があるように、日本にもまた、日本特有の文化、日本固有の教育があるべきだと檜高校長は考えます。

日本文化を生み出すものとは、日本人の独創性以外の何ものでもない。この独創性を育て、活用し、日本文化を独創することが、日本においては急務であり、また日本文化発展の道である。そして、この独創性を育てるものこそ教育である。「日本文化の独創発展」は独創教育によってのみ遂げられるものであるとの考えに至ります。

また、西条町を変える原動力としても、この独創教育より他には考えられません。檜高校長は、西条教育の本質を「独創」とし、西条町の対立的・部分的・一面的な考え方を改めるように、教育全体を根底から独創化しようとします。

独創こそ、日本人に本来そなわっているものです。今まさに直面している西条町の町民性の大改革と併せて、日本人の真の独創性を育て、それを発展させ、日本文化を創造していき、そしてさらには、世界文化の発展に多くの貢献をしたいとの思いより、「まじめで働きあるえらい日本人」、「何事も自ら進んで、正しく、強く、優しく、永くやる日本人」の養成をめざしていこうとします。

校訓の「**正しく、強く、優しく**」は、東洋思想の「知・勇・仁」に、また、日本固有の思想に照らしてみれば、三種の神器の精神「鏡・剣・玉」になぞらえることができます。「**正しく**」は「知」であり、私たちの心を照らす「鏡」です。「**強く**」は「勇」であり、決断を下す「剣」。「**優しく**」は「仁」であり、柔和を表す「玉」なのです。

校訓の「**まじめ**」とは、「まこと」を表します。まじめである上に、「**働きある**」ものでなければなりません。真剣で忠実であり、骨惜しみをせず役に立ち、時代を救い、大衆を率いていくリーダー性も持ち合わせた人に育ってほしいとの期待が込められています。

「**えらい**」とは、知行一如《ちこういちにょ》における「えらい」を意味し、そこでの知識とは実行を伴うものでなければなりません。真の知識をもち、骨惜しみなく働き、役立つ教養ある人に育ってほしいとの願いが感じられます。

「**自ら進んで**」とは、計画性をもち、人に命令されたり、監督されたりしなくても、行動することのできる態度を意味します。「自ら進んで」というのは、言うのは簡単ですが、行うのは難しいことです。

「**正しく**」とは、正しい判断や叡知《えいち》、正しい洞察力で、正しい信念をもって、まっしぐらに正しい実践を行うことです。

「**強く**」は、強い意志、強い精神、強い実践力、強い肉体、強い断行力、頑張り通す力を表します。自分の信念に従い、正しいことに向かってまっしぐらに進み、勇敢に生きぬくことを表します。

「**優しく**」は、慈悲、情操、純情を意味し、品格や上品さ、恵みの心であり、助け合う姿を表します。

「**永く**」は、何事も永くやり通し、永遠に発展させ、無限に永続することを表します。永く続けるということは、実際にはなかなか難しいことです。最初はたいへんな意気込みや熱意をもっていても、時がたつとその意気込みや熱は冷めるものです。できあがった結果を見る前に、投げ出してしまったり、効果のあがらないうちにやめてしまうことも多いです。西条教育は、まさにこの「永く」を実践した良い実例だと思います。

現在の高台にある統合された新しい西条小学校に、私は通いました。当時は、中庭に「正しく、強く、やさしく、永く」と書かれた大きな石碑がありました。それを毎日目にしては、「正しく、強く、やさしく、永く」と口ずさんでいたものです。子供心に、「『永く』ってどういう意味なんだろう?」と、いつも疑問に思っていたことを思い出します。

第六章　西条独創教育（1）

1　整列

西条小学校では、檜高校長の独創的なアイデアで「西条教育」が次々と生み出されていきます。

西条小学校の朝会には、三つの形式があります。

代表的なのが、冒頭の第一章でご紹介した「扇形朝会」です。児童たちの前に立っているのは檜高校長。扇形の一番後ろの真ん中で、校長と向かい合うようにして立っているのは教頭。担任の教員たちは、扇形の周りに並んでいます。一年生が一番前、その後ろに二年生、その後ろに三年生……、そして、六年生、高等科一年生、二年生と並びます。校長が必要に応じて「扇形に集まれ！」と言ったら、児童はこのように扇形に集まりました。さっとまとまりますし、みんながくっついているため、児童がたくさんいても話が聞き取りやすく、背の高い学年が後方に並ぶため、前がよく見えます。この隊形は、児童に話をするときにたいへん都合がよいのです。前に立って話をする人は、全員を一度に把握できるため、訓示などを徹底することができます。

縦隊朝会

横隊朝会

11ページの写真を見ると、本当にきれいな扇形です。でも、この形は簡単にできるものではないようです。訓練が必要なのです。練習するときには、教員が前に立ち、「一年生！」と号令をかけ、笛をピーッと吹くと一年生が集合。「二年生！　ピーッ！」で、一年生の後ろに二年生が集合、次は三年生……というように順番にきれいな扇形を形作りながら、高等科二年生までまとまります。

慣れてきますと、そのような手順をふまなくても、

「扇形に集まれ！」と言っただけで、児童はこのような形に並ぶことができるようになるのです。訓練したら、できるようになるのだそうです。「おうぎがた」ですが、「せんけい」と呼んでいました。扇形朝会は、月・金曜日に行っていたようです。

それから、最近でも一般によく見られる縦になる並び方、「縦隊朝会」というのがあります。学級ごとに縦に並び、全校児童がいっせいに集まる形式です。

縦に列をつくることはこれらの中で最も簡単ですが、これで訓話しても、児童に徹底することはできないとされていました。そのため、週に一回だけ、水曜日に行っていました。体操をするときなどに、この並び方をさせます。

また、「横隊朝会」というのもあります。これは、学級朝会として実施するところに大きな特徴があります。横隊朝会では、例えば、一学級（一年一組）、二学級（一年二組）というように学級ごとに横に並び、それぞれが担任の教員の話を聞きます。

集合する場所はだいたい決まっています。やることは学級によって異なり、注意する教員もいたり、これからの目標を話す教員もいたり、各学級でその時間を自由に使うことができます。これらの隊形の中では、横に並ぶことが最も難しいため、横に並ぶ訓練も兼ねて、火・木・土曜日の週三回行っていました。

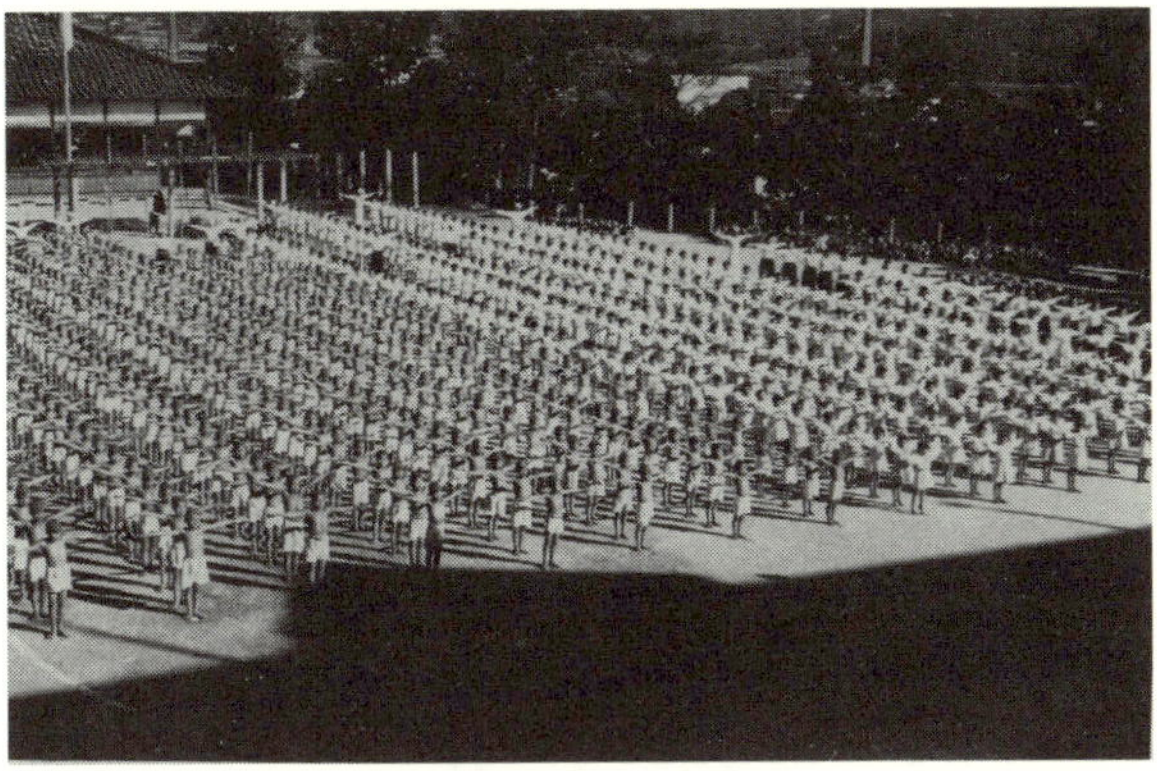

体操風景（縦隊）

学校朝会体操。手の先までピンと伸ばしています

例えば、扇形朝会で校長先生の話などを聞いた後、「体操隊形に開け！」というかけ声で、体操ができるように運動場いっぱいに広がることもあります。児童はそれぞれ、自分の位置へと走っていきます。小さな扇形が、ぱーっと大きな扇形へと形を変えるのです。毎年開催される「西条教育研究大会」に来られた全国からの参観者はみんな、その美しさに目をみはりました。

そこで、体操の教師が前に立ち、みんなでいっせいに体操をします。

堀越先生　「見事なもんよ。きれいなよ。にぎやかなもんよ。あの狭い運動場いっぱいになるんだからね。そりゃ、見事なもんです、体操は」

扇形に集まるのもなかなか見事ですが、開くのもまた見事なものだったようです。

西条小学校には、この三つの朝会の隊形以外に、整列のしかたが、もう一つあります。それは、「閲童隊形《えつどうたいけい》」です。これはコの字型に整列するというものです。士気を鼓舞するのに、たいへんよい隊形なのだそうです。朝会集合、日光浴、運動時間、そして月に一回の身体検査のときにも、この隊形を用います。校長や教師が全体を見てまわり、児童の姿勢を矯正したり、一人ひとりの健康状態を把握したりしていたようです。

2　下駄箱

みなさんは、靴を下駄箱に入れるとき、どのようにしておられますか。あまり深く考えることなく、いつもの習慣で入れておられるでしょうか。

当時の下駄箱は、靴を置く段が靴のサイズよりも小さく、靴を入れると、段より少しはみ出ていました。もし児童が靴の前側を奥へ向けて入れたとしたら、上の段の靴に付いている土が、すぐ下の段の靴の中に入ってしまいます。みんなが靴の前側をこちらに向けて入れるなら、上の段の靴の土は、下の段の靴の中に入ることはありません。

そんな細かいところまで考えられ、児童は、靴は前側をこちらに向けて入れるようにしつけられていました。

また、朝会などが終わった後、みんながいっせいに教室に戻ろうとすると、下駄箱付近がごった返します。西条小学校では、ある児童が靴を脱いだら、すぐ後ろにいる児童がそれを取って、脱いだ本人に手渡してあげることになっています。そしてそれを順送りにやっていきます。そうすることで、靴を脱いだ児童は、向き直って、いちいちしゃがんで自分の靴を取らなくてもよいので、非常に効率がよく、とてもスムーズに、すみやかに教室に戻ることができます。

でも、これは、単なる効率の良し悪しの問題ではありません。実は、「親切心」や「思いやりの心」を育てるという意味があるのです。自分のことだけでなく、人のためにやってあげる。子供の頃から、学校生活の中で、そのような習慣をさりげなく身につけさせることで、児童は、親切心や思いやりの心をもって、人のために自然にふるまえるようになるのです。

3　下校

学校から帰るときは、児童は二列に並んで帰ります。家が一番近い児童から先頭になって並びます。自分の家の近くまで来ると、児童は列の横に出て、みんなに「さようなら」を言います。そうすることにより、列も乱れることはありません。

すべてが合理的です。

堀越先生　**「そういうことからすべてね、校長さんがね、合理的に合理的に。履物《はきもの》一つがそうですからね。よく考えられたと思うよ。校長さんが考えたんだよ。すごい人よ、こりゃあ」**

4　みんなが級長

一クラス、四十名の児童。ひと月ごとに四人ずつ級長になっていきます。級長は毎月変わり、十か月で一巡するため、全員が級長になります。誰もが、一年の間に級長を必ず経験することになるのです。級長に尋ねたり頼ったりするだけでなく、自分も級長になり、責任感をもって、みんなに号令をかけたり、人に注意をしたり、みんなのために学級のいろいろな仕事をしていきます。そういう体験を全部の子供にさせていくのです。四人の中にいろいろな性格の子をうまく組み合わせ、みんながそれぞれ、自分の力を発揮できるようにしていきます。やらせてみれば、みんなできるのです。積極的な子だけが仕事をやるということはなく、みんなに行きわたるように分担させます。級長はみんな同格に扱われます。

堀越先生　**「そこらはね、普通よう考えんわ、他の人じゃあね。いいことを考えたもんよ。上に立つことをみんなに教えるんだから」**

級長になった子供たちはみんな自覚ができ、自信をもつようになります。仕事も、だんだんと自分たち四人で相談してやるようになっていきます。大人の世界と同じように、人間関係を考えながらふるまうようになり、相手への思いやりも、もつようになってくるのです。

堀越先生　**「今考えてみると、人間の和合とかね、思いやりとか、責任分担とかいうことが養われとったんじゃないかと思うね。自覚をもつことが大切なんですね。成績のよくない子供はね、六年間小学校へ行っても、責任をもたされることは平生《へいぜい》ないじゃない。でも、それなりにね、自覚をもってくれるようになる。いい教育だと思いますね」**

5　表現会

西条小学校では、毎週金曜日の始業前に「表現会」が行われます。これは、いわゆる学芸発表会のようなものですが、観客は保護者ではなく、全校児童です。東校舎の運動場側が廊下になっていて、廊下の真ん中あたりに、運動場におりる三段の階段があります。その廊下や階段を利用して発表が行われます。階段のところがちょっとした舞台のようになっています。全校児童は、運動場に扇形に整列し、立って見ていました。昔は、こんなときでも、座ることはありません。寒い冬でもそこで行いますが、雨の日は中止されました。

毎週一クラスずつ発表します。表現会の日に向けて、それぞれの学級で考えて準備をしていきます。練習の時間を特別にとることはあまりできないので、授業の中での一時間一時間を大切に使っていました。劇をしたり、歌をうたったり、踊りをおどったり、本を表現豊かに大きな声で読んで聞かせたり、自分たちが授業の中で研究した成果を発表したりするなど、自由にいろいろな形式で行います。学級の全員が出演して、自分たちの平素の生活を発表し、児童の独創性を発揮するのに、この表現会はたいへんよい機会となります。

表現会は、表現能力を養うためにやっていました。見る者は見る者で、よかったら拍手をするなど、鑑賞のしかたを学びます。表現会そのものが、みんなの勉強の場になっていました。

このように、日頃から児童の表現能力を養成しておくことで、いざ大勢の人々の前で発表しなければならないことがあっても、子供たちはみんな、うまくやり切ることができました。

第七章　授業の公開

1　教員同士の研究授業で切磋琢磨

教員は、日頃は授業や行事などで忙しく、校内の教員同士で研究授業をする時間は、なかなかとれません。また、校内全体で研究授業をしようと思ったら、教員みんなが自分のクラスを自習にしておいて、授業見学をするクラスに集まらないといけません。それでは、全校の児童に影響が出てしまいます。

そこで、西条小学校では、こんな方法を考え出しました。一日の正規の授業が始まる前に、研究授業を進めるのです。例えば、朝八時から授業が始まるのなら、七時に西条小学校の全教員がある学級に集まり、授業を見学します。その日は、その学級だけ早く来させます。

あるいは、昼の時間を利用する場合もあります。その学級だけ急いで昼食をとって、それから研究授業をします。または、放課後、ある学級だけ残して研究授業をする場合もあります。いろいろなやり方がありました。一週間のうち三日ぐらい、研究授業は行われます。一人の児童にとってみれば、ひと月に一度ぐらいそのような日があったことになります。

堀越先生　「そういう時間の利用のしかたは考えられんよ。校長さんは、すごい頭じゃけ」

堀越先生　「そうせんにゃあね、修練できんもの。批評がまた厳しいんじゃけ。見る目がないと言われちゃいけんから、どの先生もものすごい見方をするわ。校長さんも、教頭さんも、聞きよってじゃがね。錬成というか、お互いが切磋琢磨《せっさたくま》する機会でした」

見た授業に対して、みんなが意見を言います。受け持ちの教員は一生懸命研究して授業をするのですが、それでも批判がたくさん出てきます。自分が思うように教えればよいのですが、いろいろな批判をもとに、悪いところは直していかなければなりません。中には、「そんなことできません」と泣いて教室を出ていく教員もいたといいます。

批評会では、良いところ、悪いところを見つけてもらいます。普通は、七つほめて三つ叱る。でも、この批評会では、その反対。三つほめて七つ叱る。十あったら、七つほど悪いところ、欠点を見つけて直してもらい、良いところを三つぐらい見つけて伸ばす、というような批評のしかたをしていました。お互いにそういう目で見るのです。みんなからそれぞれ教えを受けるのです。そんな中で、自分の力に合った自分の授業を考えていくことになります。そうすることで、磨かれていきます。どのようにしたら子供たちに力がつくのかを考えながら、みんなが協力してその教師を育てます。西条教育は、教員みんなが教育しているのと同じことなのです。「お互いに育てあいこ」しているようなものだと、堀越先生はおっしゃいます。

堀越先生　**「力がつかんわけがない。でもね、今、口で言えばそうだけども、なかなか難しい。理論的にはそうですけどね。だから、悩む。悩むんですねぇ。『あの先生があぁ言ってだけど、どうやったらいいかの？』『あの先生は、本気で言ったんかの？』とか。そりゃ、みんなが言うんだからね。だから、力がつくんです」**

教員仲間で好き嫌いはありません。みんな一体です。

堀越先生　**「そりゃ、切磋琢磨されとるんだから、派閥をつくったりする余裕はない。派閥はない。全部校長派よ。本当ですよ。まとまりがいい」**

同僚教員とは、授業方法や教育について語り合ったり、悩みを相談し合ったりすることもあります。

堀越先生　**「そういう自由があったのが、この学校の特徴じゃろうねぇ」**

明日は、児童のJさんのクラスで研究授業が行われることになっています。放課後、担任の先生は残って、黒板の所々に印をつけておられます。

Jさんは、不思議に思って先生に尋ねました。「先生、何してるんですか」先生は、にこにこしながら、「明日わかるよ」と言って、丁寧に印をつけておられます。

研究授業の当日、全校の教員がJさんのクラスに集まりました。担任の先生は、黒板に大きく堂々とした字で、表題を書かれました。やっと謎が解けました！

先生が昨日つけておられた印は、表題を書く位置を示したものだったのです。先生は、見た目がきれいになるようにと、前もって準備をしておられたのでした。

Jさん（元児童）「なかなか熱心な先生だなあと思いましたよ。子供ながらに、『はぁはぁ、ああようなことをしよってんじゃなぁ』と思いながら見たのを覚えています」

2 研究授業の三つのパターン

始業前や昼休憩、放課後を利用して、教員同士が研究授業をするのですが、それには、三つのパターンがあったようです。

まず、一つめは、合格の水準に達するまで何度も授業をやるというパターンです。行った授業は、合格・不合格の判定をもらいます。不合格の場合は、「明日もういっぺんやれ」と言われることもあります。一週間後ならまだしも、いきなり明日なんて、ちょっと無茶です。準備する時間もありません。

堀越先生　「準備段階はなくても、やっていかにゃいけんのよ。それが事《じ》上《じょう》練《れん》磨《ま》（実際の行動や実践を通して、技芸や学問などを鍛え磨くこと）でね。それで身につくんよ」

合格するまで、三回でも四回でもやるのです。

二つめは、ベテランの教員が、みんなに模範授業を見せるというパターンです。でも、それもやりっぱなしではありません。いくらベテランといっても、やはり見た教員たちは、いつもどおり批評します。良い点は多いけれど、悪い点も目につきます。模範だと思っていても、実はそうではないということもあるのです。授業を行った教員自身も勉強になります。

三つめは、自分では納得がいかず、自分の勉強のために、希望して研究授業を行うパターンです。「やらせてください」と申し出る殊勝な先生もおられたそうです。

堀越先生　「研究授業は、どういう形にせよ、やった人が一番勉強になる」

著者　「大変だから避けたいけれど、やるだけ成長するんですかね」

堀越先生　「そう。研究授業を重ねた人ほど上手になる」

3　校長自ら授業をとる

校長は、ほとんど毎日、校内を見て回っています。一人ではなく、教頭や次席（教頭の次の地位の役職の人）を連れて一緒に回ります。

著者　「緊張しますね」

堀越先生　**「校長さんが来ちゃったら、本気で授業をしよった」**

著者　「急に態度が変わる……」

堀越先生　**「そうよ。子供も、背筋がピンとなる」**

ある日のことです。堀越訓導が授業をしていると、その授業を見ていた檜高校長は気に入らなかったようで、「ちょっと待て。あんた、あっち行け」と言って、校長自らが教壇に立ち、授業をし始めます。巡視中、これはだめだと思ったら、校長自身が授業をとって、模範を示すのです。

堀越先生　**「できることじゃないんよ。それが正しいんじゃけ、しょうがない。偉いもんよ」**

著者　「児童の前で恥をかくような感じもしますね」

堀越先生　**「そりゃあね、教員にも子供にも徹底しとったんじゃけ。恥じゃ思うたことはないんですよ。ありがたく受けとめた。初めから授業をなさったことはありませんが、見とって気になるんじゃろうねぇ」**

先生方は、「学ばせていただきます」との謙虚な心で、指導を受けていたのだそうです。本当に立派な先生方だと思います。児童も、校長や担任の先生のこのようなやりとりを見て、校長や先生方への尊敬の念を深めていったのではないでしょうか。

下手をやっていたら、急にとって代わられるので、教員たちも気が気ではありません。堀越訓導も、それからというものは、檜高校長に授業をとられないように、一生懸命やりました。

堀越先生　**「あとから、あの時はこうじゃったのうと言って教えてもらうより、現場で押さえてくれてんじゃけん」**

あとから口で言われるよりも、その場で模範を見せてもらったほうが印象的です。恥ずかしいとか何とかいうよりも、もっとうまい授業ができるようになりたいという、教員たちの向上心のあらわれなのです。

堀越先生　**「だから、私もそれを習うてね。私の校長時代、有名なのは、巡視することじゃったよ。どこの学校へ行っても巡視する」**

堀越先生は、のちに自分が校長になったときも、巡視に力を入れました。堀越先生が巡視されたら、教員たちはみんな緊張していたそうです。

堀越先生　**「西条小学校では、参観者がおったり、いつも緊張じゃったけれどもね。普通の学校では、安気《あんき》に授業しょうるじゃろ？　校長が巡視する。緊張しよったよ、私が行ったらね。授業をとったことはないがね」**

堀越先生　**「これ（校長自らが授業をとること）はね、できることじゃないんよ。これは、よっぽど立派な人じゃなけにゃ、ようやらんわ。そりゃ、西条小学校の先生方も優秀な先生方ばっかり集まってね。それが授業しょうるんじゃから、かなり立派にや**

りょうるはずよ。それをなおさら、授業をとってもらうんじゃけ。できることじゃないと思う」

4　年に一度の西条教育研究大会

西条小学校の一クラスの児童は、約四十名。一学年二クラスずつですから、六学年で十二クラスあります。それに高等科一、二年が二クラスずつあるので、全部で十六クラスあります。

ここ西条小学校では、毎年六月、連続二日間で「西条教育研究大会」が開かれます。この日には、全国から参観者が訪れます。東京や九州、四国などから、時には、満州からも来ていたそうです。汽車で来て、西条の旅館に宿泊していました。西条駅から西条小学校までは、人の波が途切れることなく続いていました。

一人の教員が二日間にわたって授業を行います。例えば、一日めは理科の授業、そして二日めは算数や社会など他教科の授業を行います。児童は、授業を一時間だけ受けて帰りますが、その後で行事が開催されるときなどは、参観者の前で何かを発表することもあります。例えば、講堂で合唱を披露したり、ちょっとした劇をやったりすることもあったようです。

二日めには、授業や行事の後、参観者を講堂に集め、西条教育とはどういうものなのか、校長が話をします。そして、それに対して参観者と檜高校長との間で質疑応答があります。

西条教育研究大会は、全国を相手にしているため、西条教育の中では一番力を入れていました。「全国に授業の手本を示すんだ」という自負心があります。批評を受ける隙《すき》はないぐらいに、みんな自信をもって授業をします。

普通なら、自分たちの中で良い教育ができれば、それで満足すると思うのですが、檜高校長をはじめとする西条小学校は違っていました。この独創教育の方法を日本全国に伝えたいという強い思いがあったのです。日本全国の手本になりたいという大きな夢があったのです。この学校は、心構えからして違っていたといわれていました。

この西条教育研究大会は、昭和三年から始まり、最初は一日だけ行われていました。昭和十一年からは、連続二日間で実施するようになります。多いときには、二〇〇〇余名もの参観者があったといわれています。

堀越先生　**「西条教育はすごいね。日本一だった。熱心に勉強しようと思って来られるんだから、こちらもいい加減なことはできん」**

堀越先生　**「それはもう、今でいえば、服装は普通ですが、本当に裃《かみしも》（和服における男子の正装）を着た気持ちでね、やるんですよ。授業はもう綿密にね。どこで字を書くとか、何を話すとかいうのを、自分で授業案を作ってね、やるんですよ。授業をした後、直接その場で見学の先生方から質問を受けたりしたこともあります。授業その**

ものは、先生は一生懸命」

教員たちは、日頃から教員同士で研究授業をやっているので、見られるのはあまり気にならなかったそうです。

著者「西条教育研究大会を開かれる前に、西条小学校の先生がみんなで集まって批評会をしたりして、研究大会のために練習をされたりするのですか」

堀越先生「それは、先ほども言ったように、朝、授業前などに研究授業をやる機会がある。特別に、西条教育研究大会のためにやることはできない。研究大会というのは、平生の授業そのものを見てもらうだけ。先生方は裃を着て臨むように、授業案を念入りに考えるだけだから。平生と姿が違うだけ」

西条教育研究大会で、全国からの参観者に講演をする檜高校長

檜高校長は、のちに「全國《ぜんこく》を相手に研究大會《かい》を長く続けてやってゐ《い》ますが、こうした機會《かい》は

職員を鍛える最もよい時であります。こうして部下を鍛えることが私の役目である。」と語っています。

著者　「児童としてはどうでしたか。参観者がたくさん来ておられましたか」

中原さん（元児童）　「見るどころじゃないです。参観者が何人ぐらいおられるかなあと、後ろを見ることはできません。先生のお話を前を向いて聞くだけです。授業を受けるのも緊張していました」

二野宮さん（元児童）　「みんなも緊張ようねえ。手を挙げたくても挙げられんぐらい」

著者　「Jさんは、緊張されましたか」

Jさん　「そりゃ、緊張しましたよ。全国から檜高先生の西条教育がいいということで、二千人もの人が来られるということになりゃ、それは大変なことですよ、檜高先生ご自身もね」

西条教育研究大会の二日めに、講堂に参観者がみんな集まるのですが、当時、高等科二年生だったJさんは、何かあったらすぐに対応できるよう、門番のように講堂の端で待機していました。全国からのお客様を相手にする緊迫感や熱気を間近に感じたお一人だったようです。

5　消えた教科書

西条教育研究大会の活気ある様子は、いろいろな人から聞いています。実際に参加されたことのある元教員の方のお話によれば、教室や廊下が参観者であふれ返り、教室の中まで見ることができないほどだったそうです。そして、身動きとれない廊下で、廊下まで響きわたる教師や児童の声にじっと耳を澄まして、雰囲気を感じとっていたのだそうです。

堀越先生にそのときの様子を具体的におききすると、教室の中では、児童たちの机の周りに、参観者が教室の端から端まで、ぐるーっと教室の内側を三重に取り囲んでいたとおっしゃいます。参観者は、教卓のすぐ手前までいます。廊下にも、各教室にも。校舎からあふれんばかりの人です。それが二〇〇〇人。

ある年の西条教育研究大会。教室いっぱいの参観者を前に、SH訓導は歴史を教えていました。どの教師もそうですが、事前にしっかりと教材研究を行い、教科書に赤字で、具体的なことや注意事項など、たくさんの書き込みをしていました。SH訓導は、教卓にその教科書を置いて、児童の間を机間巡視していました。教卓のところに戻ってみると、つい先ほどまであった自分の教科書が教卓の上から消えているではありませんか！

SH訓導はたいへん驚きました。机間巡視をしている間に、何者かが教科書をとったと思われます。

SH訓導は、いったいどうするのでしょう？

SH訓導は、動揺を見せることなく、一番前の席の二人並んでいる児童の一人に、教科書を貸してもらって、後半の授業を続けたといいます。あとで、堀越訓導は、SH訓導から事情を聞きました。

堀越先生　「こりゃあね、腹が立ったよ、話を聞いてから。考えられんよ」

このお話を聞いて、私は、SH訓導の堂々とした態度に拍手を送りたいような気持ちになりました。周りで参観していた人たちはとるところを見ていたのか、そして、どのようにしてとられたのかは謎ですが、それは、西条小学校の教師がみんなから試された瞬間だったのかもしれません。SH訓導の立派な態度を見て、やはりこの学校は違うと感じた参観者も多かったことでしょう。

教科書だけを頼りにしている授業をしていたなら、きっとそうはいかなかったでしょう。授業のすべてが教師の頭に入っていたのです。

堀越先生　**「教科書に書き込んどることは頭に入っとった。私らもそうよ。そりゃ、研究のために書いとるんじゃけんね。書いたら、頭に入っとる。授業計画も、頭に詰め込んどる。教科書はなくてもできるんだからね」**

教科書をとってまで、どのような書き込みをしているのかを見たかったのかもしれません。そして、教科書に、西条小学校の授業の秘密が隠されていると思ったのかもしれませんね。それほど、西条小学校は全国から注目され、どのような授業をしているのか、その方法をみんなが探りたいと思えるような学校だったのでしょう。

6　毎日が研究会

このように、西条小学校では、授業を見られる機会がたいへん多く、年に一度の西条教育研究大会以外にも、ふだんの授業を、毎日誰かが参観に来ていました。教員にとっては、「毎日が研究会」でした。

参観者のいない日はありませんでした。西条教育は全国に知れわたっていたので、毎日、全国の小学校から、四、五人から十人程度の人が来ていました。特に山口県からが最も多く、岡山県などの学校も多かったようです。遠いところでは北海道、東京、九州方面などからも来ていました。教室をのぞくと、ひと教室に一人か二人は、見学しているような状況です。授業参観はどこでも好きな教室を見て回ることができるので、教室をざっと回る人もいれば、ある教室で立ち止まってじっくりと授業を見たりする人もいます。堀越先生も緊張されたそうです。

一日中参観者がいたら教員も大変なので、二校時めがすんだ頃に、檜高校長の校内放送が入ります。「参観の先生方、今から学校の説明を行いますから、応接室にお集まりください」と。

堀越先生　**「校長さんが、また偉いじゃろう。校内放送があったら、ほっとする。そういう救い道を上手につくってくれてんよね。そうせにゃあ、もてんわ。芝居的なことは絶対できませんね。授業をどんどん進めていかんにゃあいけんのんだから。教えていくのが我々の仕事なんだから。見せるのが仕事じゃないんだから。だから、見る人を意識せんようになりますね。事前によう勉強して、どういうことを言うとか考えて、子供にあたります」**

各教室に散らばっていた参観者たちは、みんないっせいに応接室へ集まります。

堀越先生　「校長さんは偉いけんね、我々を助けるためにね、長く話をしてくれてんよ。具体的にね」

教員たちがほっとするのも束《つか》の間、校長の話が終わると、また先ほどの教室に戻ってくる参観者もいます。遠くから来ているのですから、みんな得心がいくまで見て帰るのです。朝から下校時刻まで、参観者は教室を離れません。熱心に勉強して帰ります。

このような状況の中では、その場だけの芝居は絶対に通用しません。堀越先生は、「その瞬間瞬間が、本物の教育だった」とおっしゃいます。

西条教育研究大会とは違って、日常はどのような授業をしているのかと思い、参観者たちは見学に来るのです。よそ行きの姿だけでなく、ふだん着の姿も見たいと思うのでしょう。授業後は、担任の教師に熱心に質問し、教師もそれに対しての説明を行います。そして、納得いくまでとことん話をします。一日中、学校にいると、その学校の児童の日頃の様子も見えてきます。授業中だけでなく、休憩時間まで、そしてトイレの行き方まで全部わかります。参観者たちは、日常生活すべてを取って帰ろうとしていました。

堀越先生　「そりゃもう、熱心な人ばっかり。お祭り気分ではない。研究大会より恐ろしいですよ」

7　視学官と県知事

当時は、「視学官」という教育行政官が県にいました。教員の監視役です。視学官が各学校を回り、教員がどんな授業をしているか、どんな人物なのかを見に来ていました。

堀越先生は、前任校の中川源小学校で、視学官に授業を視察されたときの様子をこう語られます。

堀越先生　「これはね、一般の学校で考えてみると、大変なことになるんですよ。平生はね、だぁれも見ることもないところへもっていって、県の偉い人が見に来てね。その偉い人がね、今でも覚えとるんじゃがね、厚い厚い帳簿をこう持ってからね。そこには、一人ひとりの名前が書いてあるんよ。堀越訓導とか。授業を見ながら、成績をつけるんよ。だから、震えるわいね、先生方は。どんな字で書いているかまでね、みな、視学官が書いて帰る。大ごとなんよ、学校にとってはね。それが各学校にはあるわけだから。毎年来るわけじゃないんじゃがね。抜き打ちで来て調べる。

視学官が西条小学校へ来られたことは、私がおる間はなかった。その代わり、研究大会のときには、来て見よったんだと思いますよ」

しかし、県知事は、西条小学校に一度来られたことがあるそうです。昔の県知事は、今とは違って国から派遣される県知事で、国の重要な人物であり、大きな権力をもっていたのだそうです。堀越先生は、「これは、我々からみたら、神様以上だった」とおっしゃいます。

普通は、小学校に県知事が見に来られるということはないのですが、西条教育が有名だということで見に来られたのです。校長も先生方も、県知事が来られたということで、一生懸命に丁重な応対をしていました。

檜高校長は、これは、またとない機会だと思って、「子供たちに話をしてやってください」と県知事にお願いしました。全校児童は扇形に並んで、偉い県知事さんのお話に、緊張した面《おも》持《も》ちで耳を傾けます。

ところが、その張りつめた空気は、児童たちの「くくく……」という声をひそめて笑う声で一瞬にして、かき消されてしまいました。その声をひそめた笑い声は、全校児童へと広がっていきました。県知事は、国から派遣された方ですから、他県の出身者です。いまだかつて耳にしたことのない県知事の訛《なま》りや方言に、子供たちは、おかしくておかしくてしかたがない様子です。聞き慣れない言葉にびっくりしたのでしょう。堀越訓導は、「笑うな」と注意したいところですが、それもかえって目立たせることになってしまうので、できません。檜高校長は苦《にが》い顔をして、子供たちをにらんでいます。他の教員もどうしたらよいのかわからず、みんな苦い顔をしています。でも、子供たちにはそれは通じません。幸いにも、県知事は気にする様子はまったくなく、平気で話し続けておられます。

教員たちにとって、これは、思いがけない突発的なできごとでした。校長をはじめ、教員たちにとっては、違った意味で緊張した場面となりました。

県知事が帰られた後、教頭が校長に「校長先生、すみませんでしたねぇ」と言ったら、校長は「どうしようか思うたよ」と言いました。

この本も広島弁満載で、もしかしたら、他県の読者の方には意味がよくわからない部分もあるかもしれませんね。生まれてからまだ広島弁しか聞いたことのない子供たちにとっては、初めて触れる他の地方の訛りや方言だったのでしょう。神様以上だった県知事を前に、檜高校長は気が気ではなかったことでしょう。

堀越先生　「今でも思い出すわいね。冷や冷やしたねぇ」

8　掛け図

当時は、授業をするときには、掛け図を使っていました。

黒板にかかっている二枚の絵が掛け図

堀越先生が勤務していた頃は、西条小学校の教員は、既製品を買わずに、自分で作ることが多かったようです。堀越先生は、全部作っていたので、教材研究も大変だったそうです。自分の授業に合うように、絵を描いたり字を書いたりして、それを児童に見せながら授業を進めていきます。

堀越先生　**「教材研究も大変なんですよ。この独創教育しようと思うたら。実際にやってみんと、ようわからんかもしれんがね。大変なんです。そりゃあ、寝ずにやっとるんだから」**

堀越訓導は、ある年の西条教育研究大会では、一日めは理科、二日めは算数の授業をしました。理科と算数の掛け図を作ったことを今でも覚えておられます。

著者　**「すばらしいですね。先生、よく覚えておられますね」**

堀越先生　「まあ、でもね、七十年前の昔話じゃけんのう。私にとっては」

著者　「それだけ覚えておられるというのは、力を入れてやっておられたということですね」

堀越先生　「そりゃあ、身体で覚えとるけん、今でも覚えとるんよ。知識じゃないけんね。私が話すことは、身体が言ょうるんじゃわ。本当ですよ」

著者　「私なんかぼーっとやっていたのか、小学校のことだといっても、あんまり覚えがないですね。先生は、それだけ気を張ってやっておられたのですね」

9　板書

著者　「先生は、西条教育に携わって、ご自身は変わったように思われますか」

堀越先生　「そりゃ、変わったよ。確実になったね。例えば、板書《ばんしょ》。西条教育をするまでは、自分の思うように塗板《とはん》（黒板）に書きよった。時には、行書が入ったり、草書が入ったりしとった。ところが、それじゃあ、児童にはわからんのんよ。確実に時間

をかけてもいいから、白墨《はくぼく》（チョーク）でね、正しい楷書《かいしょ》を書くというようなことが身についたね。それは大きな私の変化じゃと思う。いい加減なことはしない」

著者　「厳しいような態度や雰囲気が、西条小学校の中にあったということですね。校長をはじめ」

堀越先生　「鍛えられて、そうなるわけよ」

板書のしかたも、児童にわかるように書くだけでなく、教員は習字だと思って書きます。楷書で、確実に。書いては消すのではなく、一時間の授業が終わったら、自分で板書を眺めて、いいなぁと思えるぐらいに、きちんとまとめて書かなければなりません。西条教育研究大会のときも、書き順を間違って書かないように、細心の注意を払っていたそうです。

二野宮さん「西条小学校の先生は、みんなきれいな字を書きよっちゃった。いい字を書きよっちゃった、どの先生も」

これほど徹底しているのですから、児童も、書き順など厳しく教えられ、みんなきれいな字を書いていました。

堀越先生　**「一つひとつが全部独創なんです。それが独創教育」**

堀越先生　**「例えば、私が郷土史研究会で郷土史を発表するときにはね、この年になっても研究発表やりょうるんよ。そのときには、必ず現物を持っていくか、それか板書するか、私の行動を通して、みなさんに知ってもらおうというのが、いわゆる檜高先生に鍛えられた独創教育の発表のしかたなんです」**

10　剣道の授業

著者　「昔は、体操や体育は、盛んだったのですか」

堀越先生　**「ものすごく盛んです。体育もなかなか大切なんですから。裸で運動するとか、乾布摩擦ね、組体操したり、いろいろ体育の方法もありましたし、研究大会のとき、体育の授業も見せたりしました。身体を鍛えんにゃあ（鍛えないと）……」**

堀越訓導は、ある西条教育研究大会のときには、剣道の授業を見せたこともあったそうです。「やー、お面、お胴」と、やるだけではありません。板間や運動場でやるのではなく、学校の近くにある丘でやります。相手が下から攻めてくるのを、丘の斜面を使って、かけ声をかけながら、ぱっとかわして、上からたたいたりなど、変化のある実戦的な剣道をやって、参観者をあっと言わせたことがあります。

堀越先生　**「だから、そこらが『独創』なんですよ。今までのありきたりのことじゃなくてね。悠揚《ゆうよう》（ゆったりと落ち着いているさま）を交《まじ》えたといいますかね、ドラマを合わせたような剣道を考えたんです。独創じゃけん、先生はそれぞれ考えていろいろなやり方をやったわけよ」**

11　丸いふとん

西条小学校の校門に向かって左側に建物がありました。その建物を「有終舎《ゆうしゅうしゃ》」と呼んでいました。教育研究のためによそから来た人が泊まったり、西条小学校の教員が合宿したり、他の団体が研修会場として借りるなど、宿泊施設として、そこを利用していました。

有終舎には、普通の人には考えつかないような変わったものがあります。丸いふとんです。有終舎のひと部屋がほとんどいっぱいになるぐらいの大きなふとんです。それが二枚ありました。その一枚の大きな丸いふとんをかけて、みんな頭を外に向け、放射状になって寝ます。ふ

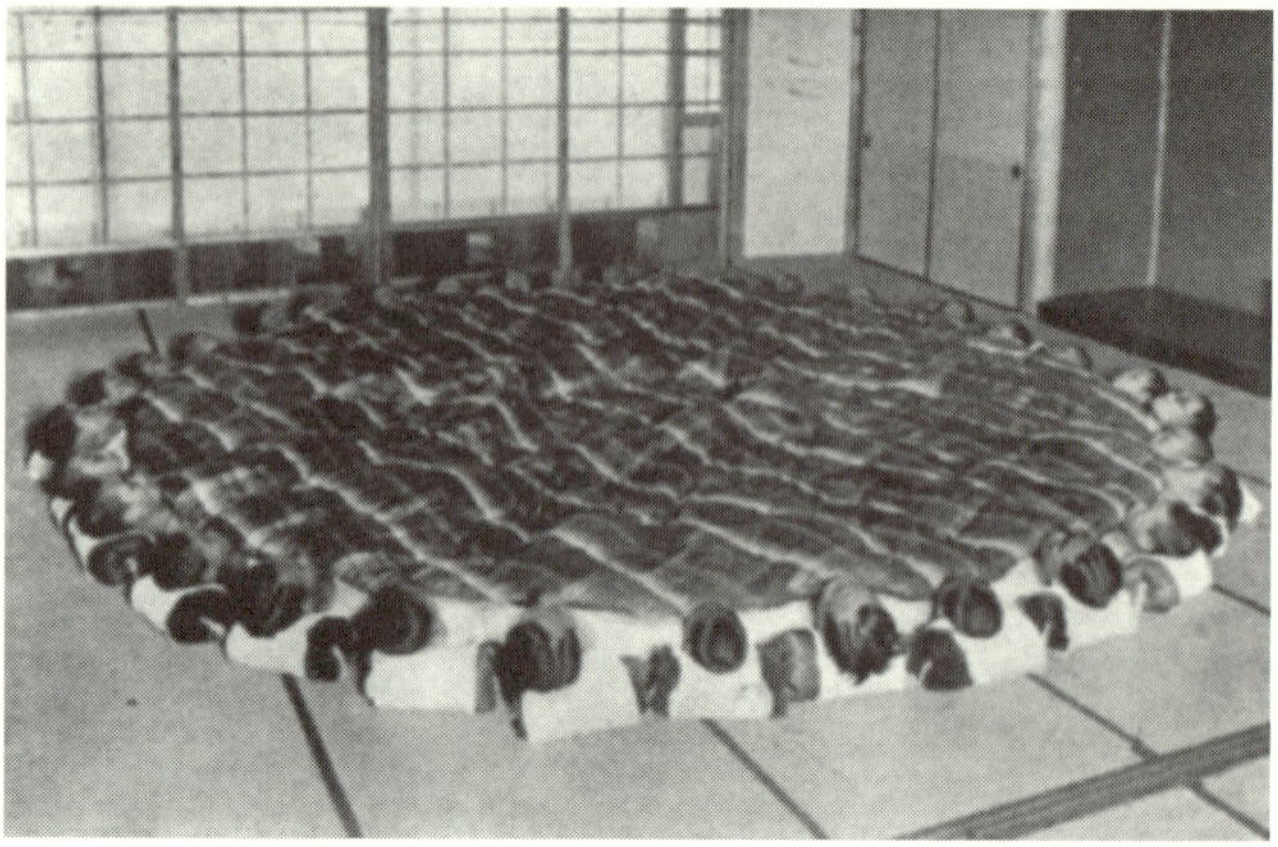

とんをいちいち敷くのが面倒ですし、何人でも寝られることから、このようなものが考え出されたようです。
写真を見て数えてみると、三十人ぐらい寝ています。なんて斬新なアイデアなのでしょう!
これなら、何人でも寝られますね。ただ、寝相が悪い方は、ちょっと困りますが……。
堀越先生も、教員研修のとき、そのふとんで寝たことがあるそうです。

堀越先生　**「あれだけのふとんがあったら、敷きぶとんはどうだったかわかる?　掛けぶとんは丸いんよ。想像してごらん。考えられんじゃろ?　考えられんわ。ないんじゃけ。畳の上へ寝て。丸いふとん。敷きぶとんはない。ちょっと考えられんですが。しかし、安眠できるんだからね」**

高等科二年生の児童も、勉強のための合宿があったとき、このふとんで寝たことがあるそうです。

著者　「児童は楽しかったんじゃないんですか」

Jさん　「そうそう、そうですよ。寝やぁしませんよ。『おまえら、黙って、早う寝え』と言われました」

第八章　相談学習

1　千葉命吉と独創

97ページの写真は、檜高憲三の広島県師範学校附属小学校訓導時代のものです。当時の訓導は、詰襟《つめえり》を着ていました。そこに千葉命吉《ちばめいきち》主事も写っています。

当時、広島県師範学校の校長は、師範学校全体の校長ということで、附属小学校の校長も兼ねていました。「主事」は、附属小学校の校長代理、つまり附属小学校の事実上の責任者でした。

千葉命吉は、明治二十（一八八七）年秋田県に生まれます。

檜高憲三は、大正九～十二（一九二〇～一九二三）年の約三年間、附属小学校に勤務していました。

千葉命吉は、大正九年に広島県師範学校の教諭、そして附属小学校の主事になりました。その後、大正十一年にはドイツのベルリン大学に留学します。帰国して、立正大学の講師に、大正十五年には教授になり、数々の著書や論文を発表し、独自の教育論を打ち立てていきます。

大正十年八月一日より、八日間にわたり、東京高等師範学校の講堂で、「八大教育主張」の大講演会が開かれ、二〇〇〇名以上もの聴衆が集まりました。講演者は、「自学主義の根底」の樋口長市（東京高師）、「自動主義の教育」の河野清丸（日本女子大）、「自由教育の真髄」の手塚岸衛（千葉師範）、「衝動皆満足と独創教育」の千葉命吉（広島師範）、「真実の創造教育」の稲毛詛風（文芸評論家）、「動的教育の要点」の及川平治（明石女師）、「全人教育論」の小原国芳（成城小）、「文芸教育論」の片上伸（文芸評論家）の八名でした。

檜高憲三の広島県師範学校附属小学校訓導時代
（前列左から４人めが千葉命吉主事、後列左から２人めが檜高憲三）

千葉命吉（拡大）

広島県師範学校附属小学校の訓導たちとともに
（中央が檜高憲三、檜高憲三の右が千葉命吉主事）

当時、千葉命吉の唱えた「一切衝動皆満足論」とは、次のようなものでした。

人は誰でも衝動をもつ。人間の生活は、衝動があって初めて、存在するものである。

衝動とは、「生命」である。意志、願望ともいえる。「衝動とは、盲目的な発動的な欲求的な生命の力だ」と千葉命吉は言っています。自分自身を満足させて初めて、生きがいのある生活が送れるようになるのです。人間の生活は、衝動の満足なしにはあり得ません。

しかし、自分の衝動を満足させようと思っても、それがかなわない場合が、現実には多いです。例えば、自分はこうしたいという衝動があっても、それを人から止められたり、反対されるようなことがあります。学校でいえば、児童と児童、児童と教師の間で、葛藤があります。また、自分自身の内においても、自分の衝動を邪魔するものが出てきたり、二つ以上の衝動の間で葛藤することもよくあります。

衝動を邪魔するものを取り除き、すべての衝動を満足させるということが本当の生き方をするということなのです。児童と児童、児童と教師の場合であれば、その両者が満足する点を見つけ出すことによって、新たな解決策が見つかり、みんなの衝動が満たされ、みんなが満足できるようになります。そのために、「相談」があるのです。

自分自身の内に、衝動を邪魔するものが出てきた場合、どうすればその邪魔ものが取り除けるかを工夫したり、また、二つ以上の衝動が葛藤する場合でも、その両者が満足する点を見つけ出そうとすることによって、新たなアイデアが生まれてきます。

それが「独創」なのです。どんな衝動であっても、葛藤するその衝動をすべて満足させることで、「独創」となるのです。千葉命吉は、「一切衝動皆満足は独創である」と言っています。

千葉命吉は、独創の活動である「独創作用」を六つに分類しています。

1.「利」に向かう「発明」です。主として、経済の立場において、新文化を創造することになりますが、私利私欲ではなく、国家の利益と国民の幸福に貢献するものでなければなりません。

2.「真」に向かう「発見」です。科学的な発見も、求めるものは「真」なのです。

3.「美」に向かう「創作」です。芸術的活動がこれに含まれます。

4.「善」に向かう「実践」です。道徳的な向上を表します。しかし、習慣先例に従い、規約に従順であるという意味ではなく、新しい「善」を提供し、文化に新鮮な道を開くものでなければなりません。

5.「健」に向かう「統整」です。「統整」とは、非常に高い目標を掲げ、現状を批判し、軌道修正しながら、少しずつでもその目標に到達しようとすることです。例えば、政治は「健」をめざす新たな価値を樹立することが求められています。

6.「信」に向かう「開基」です。「開基」とは、物事のもとを開くこと、そして、宗教的な立場からいえば、一宗派を創立することです。ただ先例に従うのではなく、宗教的な新しい「信」を樹立することです。

これらの作用はすべて、新しい価値を創り出すものであり、文化の創造に役立ち、文化発展に寄与するものです。「自覚的」に創造を行うことが「独創作用」です。自覚的とは、先ほどの「利」や「真」などを自ら求めようと、それに向かって努力し、発展していくことです。

1から6は、経済、科学、芸術、道徳、政治、宗教を表すことになりますが、これらのすべての領域の「独創作用」が完全に一つにまとまった教育を「独創教育」と名づけています。

独創教育は、独創力を養成する教育です。すべての人には、「生命の力」である衝動があり、その衝動には必ず葛藤があります。その矛盾する葛藤を解決することで、人は誰でも独創人となることができるのです。

ただし、独創力をもつためには、自ら、その自覚をもたなければなりません。児童が教師から「やらされる」のでは、自覚があるとはいえません。児童が自ら目的をもって、自ら学んでいこうとするとき、初めて「自覚」というものが存在し、「独創」となるのです。

檜高校長は次のように言っています。

「児童をできるだけ伸ばしたい、児童の独創的精神の涵養《かんよう》に努めたい、児童の独自性を中心として教育全体を活動させせたいなどというのは、私共永年の念願であります。子供の生活を真によく洞察してみれば、彼らの空想といい、思索といい、想像といい、行動といい、大人には想像もつかぬ独創人である。それを教師があまり教え過ぎて、他人の思想ややったことをもって頭脳が占領されているから、自分独自の能力が厭迫《えんぱく》されてせっかくの芽が萎縮してしまうのである。これまでのように児童の自発性を無視した教師中心の教育ではなく、どこまでも児童自身が人に頼らず自ら考え、自ら思索していけるというように教育していかねばならない。」

堀越先生は、檜高校長から、千葉命吉の話をたびたび聞きました。千葉命吉は、西条小学校に数回来られたことがあります。講演をしたり、西条小学校の授業を見たり、校長と話をしたりされたようです。

堀越先生「命吉先生は、私がいるとき、一度西条小学校に来られたことがある。昔懐かしい話でもなさったんじゃないですかな」

堀越先生「檜高校長さんは、命吉さんの教育方針をよく勉強なさって、それを貫いた人だからね。学問的にもいろんな面で非常に勉強なさって、西条教育を生み出した人だからね。非常に底力がありますよね。理論的にも、実践的にも。千葉命吉さんが主事をしておられたとき、附属の訓導だった檜高校長さんは、西条に戻ってこられて、その教育理念というものを全部自分のものにして、やられたわけだからね」

堀越先生「そりゃ、まあ、二人は実に親しくつきあっておられたので、一体だと思いますね。檜高校長も惚《ほ》れ込んでおられるし、命吉さんもこれに期待しとるんだから、一体じゃないですかな。だから、校長さんは、疑うことなく突き進まれたんじゃないんですか。そこに強みがあるんじゃないかと思いますねぇ」

堀越先生　「附属小学校で千葉命吉さんから学んだことを公立小学校でやろうと思っても、やはり環境が違うんじゃろうね。他の人には、なかなかできなかった。他の人がやろうと思っても、意欲はもっとっても、手腕と環境というような条件でね、自分の思いが実現されなんだんじゃないんかな。しかし、檜高校長には、そういった力量と手腕と愛情があったわけよ。やっぱり部下職員を動かすには、愛情がなけにゃいけんけんね。ただ威厳だけじゃ、動かんからね。愛情を注ぎながら、鍛えていった。檜高校長さんの偉大さじゃと思うね」

2　明日の予定

檜高校長は、考えます。

多くの学校では、なぜ児童は自発的に活動しないのか。教師から何度も言われるのに、なぜ児童は自主的に勉強しないのか。なぜ熱意が足りないのか。それには何か原因があるのではないか、と。

例えば、授業で、ある課を学習しようとします。教師は児童が予習してきているものと思い、ある児童を指名するのですが、その児童は答えることができません。どの児童を指名してみても、みんな答えることができません。教師は、児童たちに向かって、「家庭での勉強が足りない。君たちはいったいどうなっているのだ！　高学年にもなって、自主的に勉強ができないとは！」と叱ります。

ところが、実際は、児童たちは家庭で勉強してきていたのです。前に習った課がまだよくわからなかったので、前の課を復習していたのです。それでも、児童たちは、教師のお説教を黙って聞いています。

このように教師と児童の思いが一致していないことはよくあります。児童からしてみれば、自分なりに、わからないところを解決するため工夫して勉強してきたのに、その勉強が無駄になったばかりでなく、おまけに叱られるのですから、自主的に勉強しようという意欲は削《そ》がれ、やる気も出なくなります。教師によって、かえって、児童はやる気を失ってしまうという矛盾。

この矛盾を解決するために、「学級の予定板」と「私の予定簿」を考え出しました。

毎日、授業が終わると、「相談の時間」というものがあります。級長が司会進行を務め、教師と児童みんなが相談しながら、明日の授業の予定を立てていくのです。

例えば、明日の授業は、第一校時は修身、第二校時は読み方（国語）、第三校時は算術（算数）、第四校時は図画などと、学習する科目はすでに決まっています。そこで何をやるかという授業内容を、みんなが相談し、みんなの合意の上で決めていきます。

まずは、第一校時の修身です。ある児童が、「次の課を研究しましょう」と意見を述べると、他の児童はみんな賛成し、次の課へ進むことに決まります。そこでまた、ある児童が、参考資料として用意するものについての意見を述べます。教師は、「自分自身の日常生活をよく反省し、気づいたことを『問題帳』（ノート）に書き出し、整理しておくように」と伝えます。級長たちは、決定事項を「学級の予定板」という前の小黒板に記入します。他の児童たちは、各自、自分の「私の予定簿」というノートに明日の授業の予定と準備するものを記入します。

第二校時は読み方です。ある児童は、「次の課に行きましょう」と言いますが、別の児童は、「私は、この課がたいへん難しくて、はっきりわかりません。もう一時間だけこの課を研究してみたいのです」と言います。級長は、みんなに、次に進んだほうがよいかどうか問いかけ、多数決により、もう一時間この課を研究することに決まります。教師は、「この課がよくわかっている人は、〇〇を研究してきなさい」と、さらに進んだ研究をするよう指示を出します。

第三校時は算術です。教師が「久しぶりに明日は考査（テスト）をしましょう」と言います。児童は、「はい、やってください」と、はりきります。

第四校時は図画です。ある児童が、「天気がよいから、野外写生を望みます」と言い、みんな賛成します。教師に尋ね、了承を得て、野外写生に決まります。

明日の予定を教師と児童が相談して決めることで、教師の教える心と児童の学ぶ心が一致します。

教師は、この予定に沿って、明日の学習指導案を作り、教材研究を行い、学習環境を整え、参考資料を調べ、参考資料の収集・用意を行います。児童は、明日の学習範囲を自主的に予習します。

このように児童の責任において予定を決定することにより、児童は明日までに何を準備しておくべきかを考えるようになり、自覚をもって学習を行います。このようなやり方には、学習に無理がなく、児童も生き生きとして元気があり、責任をもって自発的に学習ができるのです。

著者　「今日、明日の予定を決めて、次の日にはもう、その授業をするのですから、先生は大変ですね。夕方決めて、次の日の朝までにそれを準備しておかなければならないということですよね」

堀越先生　「もちろん。今日決まったことは明日の朝までに準備せにゃいかんよね。ところが、先生の腹には、一週間のスケジュールが入っとるわけだから。一週間のスケジュールの中に、子供を導入するように発問するわけよ。全部児童の言いなりになりょうるわけじゃないよ。児童の言葉を引き出すように先生はやって、先生の指導の計画の中へ児童を引き込む。それは先生のテクニックでね」

著者　「児童をやる気にさせるのですね。前に書いているように、『天気がよいから、野外写生を望みます』とある児童が言ったとします。先生が考えてもいないようなことを児童が言ったときには、『それもよかろう』と、先生は頭を切り替えるのですかね？」

堀越先生　「子供のほうが偉いこともある」

著者　「こちらが思いもしないようなことを児童が言う場合もあるのですね。じゃあ、先生のほうも頭を柔軟に、ぱっと臨機応変に対処しないといけないのですね」

堀越先生　「あまり堅物《かたぶつ》でもいけない」

著者　「無理やりやろうと思ったら、児童は反発するのですね。先生も鍛えられそうですね」

明日の予定が決まると、児童は、「学級の予定板」を見ながら、自分の「私の予定簿」に書き込んでいきます。

では、「私の予定簿」とは、どのようなものなのでしょうか。

渋味のある緑色の表紙に、「予定簿」と書かれています。B5サイズを横にしたもので、横開きになっています。西条小学校独特の、日々の記録をつける日記のようなものです。

ページをめくると、各ページの右側には「私の生活記録」という欄、左側には「私の予定簿」という欄があります。

「私の生活記録」には、一週間分の反省などを書き込むことができます。一日分は二センチメートルぐらいの幅です。今日の主だったできごと、お手伝いは何をしたか、毎日やると決めたことがちゃんと守られているか、気づいたこと、ここはできていなかった、もっとこうすればよかったという反省などを、家に帰ってから記入します。

「私の予定簿」には、一週間分の時間割や授業内容の予定、準備するものを書き込めるようになっていて、「相談の時間」に記入していきます。

これによって、一日をふり返り反省を行う習慣、日記をつける習慣が、身につきます。教師の検閲もあります。教師は、これを通して、児童一人ひとりの生活を知ることができました。

3　相談学習

檜高校長は、「相談学習」というものを次のように考えていました。

自分の主張を曲げて、相手の主張に合わせようとするのは「妥協」である。反対に、自分の主張ばかりして、相手の意見に聞く耳をもたないのは「闘争」である。

このような「妥協」の弊害は、往々にして「指導」にあらわれ、「闘争」の弊害は「放任」にあらわれる。「妥協」や「闘争」では、真の相談とはいえない。

学校は、児童を勝手気ままに活動させるところではなく、教育に燃える教師は、自分の考えを主張し、遠慮なく命令し、禁止し、批評し、忠告してもよい。かといって、児童も、教師の命令、禁止、批評、忠告に必ずしも従わなければならないということはない。児童もまた、自分の欲求を主張し、討論すればよい。教師と児童が平等な立場で相互に語り合う。ただし、相談するのは児童、相談されるのは教師である。相談することが「学習」であり、相談されることが「教育」である。

時には、従来の講演式、指示式、示範式、放任式などの方式が必要な場合もありますが、西条小学校では、指導でもない、放任でもない、「相談方式」が、児童の独創性を伸ばしていく真の方式であると考えます。児童会議や反省会などの話し合い、明日の予定を決める「相談の時間」だけでなく、授業もすべて、相談をとり入れた「相談学習」を採用していくことになります。

みんなで相談して立てた予定に沿って、実際の授業で「相談学習」を進めていくことにより、次のようなさまざまな効果が得られます。

○明日やることがはっきりとわかるため、準備がよくできて、忘れ物をしない
○自然に勉強する（すまいと思ってもせずにはいられない）
○予習・復習を行い、整理ができる
○学習に無理がなく、面白くできる
○責任をもって学習する
○学習が生き生きとして元気のあるものになる
○学習に手間がかからない
○学習の徹底・不徹底がはっきりわかる
○教師がいなくても遊ばず研究する
○学習に熱が入り、よく徹底する

相談によって生まれたものは、児童が自覚し、やろうと決心しているため、教師の指図がなくても、きちんと実行され、永く続きます。これは、児童が共同生活の中で生み出したものを徹底的に責任をもって守るための訓練ともいえます。

では、相談学習とは、いったいどんな学習方法だったのでしょうか。

相談学習とは、教師が一方的に教え込むという、児童にとって受け身の学習ではありません。児童が自ら問題を見い出し、それを構案し、それを解決していく学習方法です。そして、それを進めていくために、相談があります。この相談学習では、自分の意見を主張し、お互いが共感しあい、みんなで討論し、参考資料を使って研究し、批判しあいます。授業は、「問題自識」（児童に意識させる）、「問題構案」（活動）、「問題解決」（まとめ）の順で進められます。教師は児童の立場に立って、良き相談相手になるのです。

西条小学校は、校長の指導のもと、教員全員、相談学習一色でした。相談学習ができない教師はいなかったと堀越先生はおっしゃいます。

それでは、相談学習がどのようなものだったのか、実際に行われた授業を例にとって、ご紹介していきましょう。

4　相談学習の実例①　理科

尋常科五年生の理科の学習指導案（略案）です。

※「相談学習の実例①②」は、できるだけ原文にもとづいた表記にしています

担任者　○○　○○

一、日時　昭和○年○月○日　第○校時
二、研究場所　理科教室
三、題材　竹（二時間予定）
四、目的　竹の生態、形態の研究をさせたい
五、準備　筍《たけのこ》、地下茎、竹、竹細工品、掛け図、参考書　等
六、方法
1. 問題自識
A. 研究範囲の限定
B. 継続的研究の開始
C. 予習（各児実地につき研究）
D. 自由観察

E．自発問題の発表（児童、担任者）

2．問題構案

A．諸資料、参考品により自由研究（観察、洞察を主とし、読解、聴取、想像により）

イ．筍について

ロ．地下茎について

ハ．竹について

ニ．竹細工品について

B．担任者の巡視相談

3．問題解決

A．研究結果発表……批評、討議、考査

B．担任者の補説

C．研究事項の統括

右の学習指導案をもとに次のように授業を進めていきます。

1．問題自識

A. **研究範囲の限定**

予定を立てる。予定案により児童と教師が相談して、竹を研究することに決定し、教師は研究について周到なる注意をする。

補足・解説

研究の便宜上、児童と教師との相談の結果、最も簡単で、最も面白く実験のできるようなものなどから研究を始めるように、範囲を限定します。ただし、低学年の場合は、細かい限定はやめ、総合的に全体を見させるようにします。

B. **継続的研究の開始**

C. **予習（各児実地につき研究）**

1. 児童は竹薮《たけやぶ》について土中から筍の頭を出そうとしているもの、すでにいくらか伸びたもの、子供の身長ほどに伸びたもの、竹になりかけているものなど、筍の発生状態を観察し、また家庭の食膳に上る筍についても研究しておく。
2. 筍の成長する有様をグラフに表すと面白いものができる。
3. 竹で作った物をなるべくたくさん研究しておき、竹展覧会をやる準備もしておく。

（補足・解説）

児童は本来自発性をもっているものなので、思い切って独自学習をさせます。独自研究により、自分の調べたことや問題は、できるだけ細密に学習帳（ノート）に記入しておいて、あとで提出させます。

D．自由観察

1．今日はいよいよ竹について研究することを指示する。
2．五分間ほど、筍、地下茎、竹についてしっかり頭を働かせて観察させる（理科眼により、だいたいを観察させる）。

E．自発問題の発表（児童、担任者）

1．問題を発表させる。
2．主な自発問題の例
イ．筍はどこから生えますか
ロ．筍の皮が葉によく似ているのは不思議です
ハ．筍の下の方の黒いコブは何ですか
ニ．筍はなぜ先の方が小さいのですか　何かわけがありますか

ホ．松のように毎年ふとらないのはなぜですか
ヘ．竹はどうしてなかまをふやしますか
ト．まるい筒になっているのは何かわけがありますか
チ．竹の節は何かためになりますか
リ．竹の節が下の方になるだけ多いわけ
ヌ．幹も、枝も、葉もみなたてにスジのあるのが不思議です
ル．竹を火の中にくべると爆発するわけ
ヲ．爆発するのは竹の中に空気があるからでしょうか
ワ．中の紙は何か竹のためになるのでしょうか
カ．竹の年はどこでみますか

3．自己の問題に責任を持って突進させるため発表。児童の問題を板書してその児童の姓を書いてやる。

補足・解説

児童の疑問を提出発表させます。口頭で行うだけでなく、できるだけ実物を示したり、掛け図、模型、標本などを使用します。すべての児童に問題を提出させる場合、重複するもの、似たようなものは、代表的なものにまとめて、主として骨子となるものを板書します。

2. 問題構案

A. 諸資料、参考品により自由研究（観察、洞察を主とし、読解、聴取、想像により）

イ. 筍について

ロ. 地下茎について

ハ. 竹について

ニ. 竹細工品について

1. 児童は実物について観察洞察をする。
2. 参考物（掛け図、本、製作品）で研究する。
3. 児童相互に研究する（一学級が平均五人ずつの分団（グループ）になっている）。
4. 研究事項を理科学習帳にさかんに記録する。

補足・解説

自分の問題は自分で研究することを第一歩として、まず調べ、それが終了すると、次に他人の提出した問題を順に片づけていきます。研究する問題が見つからない児童には、教師が適宜問題を出して研究させせます。

ここでは、実験や観察を行うこともあります。問題を解決するためには、どのようにして観察するか、どの部分を観察するか、実験はどんな方法で行ったらよいかなど、児童に意見を出させ、目的をもって研究させることが大切です。

実験や観察が不可能な場合は、参考書による研究をとり入れます。その際、理科はどこまでも実物についての研究であるということを徹底しておかなければ、実物の観察や実験をする努力を怠り、ただ参考書を写すだけに終わってしまうので、注意が必要です。

掛け図や理科図鑑を利用することもあります。現地に赴かなければわからないような場合は、掛け図を使って教師が説明をすることもあります。微細なもの、複雑なものなどの場合は、理解を助ける上で、それらが役に立ちます。ただし、掛け図や理科図鑑を通じて、実物を想像する態度の養成に留意する必要があります。

標本・模型は必ず使用します。

B．担任者の巡視相談

担任者は各児童の研究状態を巡視しながら、個人個人の質問（「これが根になるのですか」「筍の皮は何がなったのですか」「竹の年はどこでみますか」）等に応じつつ、研究方法その他を相談する。

補足・解説

児童は各自、教師との相談によって研究を進めていきます。その場合、教師は児童の指導者ではなく、どこまでも同一円周上に立った相談役としてのぞむことが必要です。児童はよいことを考えついて、教師の賛同を求めにくることもあります。間違っていても、教師の参考書から得た知識で、否定してはなりません。

教師の説明によるほうがわかりやすい場合は、教師が調査した範囲内で、簡単に説明します。

問題は次々に構案されるので、実験観察と教師との相談の順序が逆になることもあります。

3. 問題解決

A. 研究結果発表……批評、討議、考査

1. 各児童の研究がだいたいすんだ頃を見て、児童に研究事項を発表させ、それについて批評、討議をやらせ、異議があって解決しない場合は、再観察によって解決させる。

2. 発表討議の一例

A児「筍は地下茎の節から生えている若い幹です。下の方の黒いイボは太って根になるのです。竹の皮は葉が形を変えたもので筍を保護するためです。節は重なり合っていますが、今に間があくでしょう。先ほど小さいのは土地の中から出るのにも上に伸びて行くのにも便利だからだと思います」

B児「A君の研究は大変よいと思いますが、私は筍を写生して説明を加えましたが大変よくわかります」

C児「筍は提灯《ちょうちん》をたたんだ時の様子をしておって、成長した竹は提灯を張った時だと考えると大変面白いと思います」

D児「竹を火の中にくべると大きな音を立てて爆発します。あれは中に空気があるからです」

E児「D君は竹の中に空気があると言われましたが、どこから空気が中に入るのですか。筍の時から大きな竹になるに従って空気がたくさんいるわけですが、どこからも入るような穴は見つかりません」

F児「あの爆発するのは空気が外から入るのではなく、例えて言うと人間の腹の中でガスができてオナラになって外に出てくるように、竹の中で自然にできる一種のガスだと思います。そう考えねばどうも変です」

補足・解説

自分で研究したことに普遍性・妥当性をもたせるために、みんなの前で研究結果を発表し、お互いの批評・意見・訂正をあおぎます。時間の都合によっては、一部の児童だけに発表させることもあります。

小黒板に絵を描いたもの、実物、掛け図、模型などを使用して発表します。発表することにより、児童は自分が研究したことに対しての評価もわかり、自らの反省材料にもなります。

批評・討議は児童を主体にして行い、横道にそれたりする場合に、教師は注意を与えます。その場限りの討議であって児童に身につかない、優等生ばかりが活躍するなどといったことのないように教師は注意を払わなければなりません。

B．担任者の補説

そこで担任者は竹の幹の中の気体が何なのかを説明する。

補足・解説

特に重要な部分が足りない場合、研究もれの場合などは、教師が説明を加えておきます。発明、発見、他の課との関連など、珍しい話も加えて、児童の理科に対するやる気を起こさせます。応用を兼ねて、実験を行い、児童に考えさせるということもあります。

C. 研究事項の統括

1. 担任者と児童の問答、相談、補説によって研究事項を統括する。この際なるべく多くの児童に発表させる。
2. 最後に個々の研究事項に系統をつけて体系あるものにするため教科書を黙読させる。

補足・解説

ここで、まとめを行います。

最後に、教科書の通読を行い、研究事項を整理します。

研究事項の訂正、反省をするため、学習帳を教師に提出します。教師は検閲し、後日返却します。

5 相談学習の実例② 修身

尋常科一年生の修身の学習指導案（略案）です。

担任者 ○○ ○○

一、日時 昭和○年○月○日 第○校時

二、題材 第十二 親を大切にせよ

三、目的 親猿を大切にした子猿の例話より出発し、前課親の恩と関連して孝心を起こさしめ、親を大切にする具体的事項を研究させたい

四、準備 掛け図、詩「カタタタキ」

五、方法

1. 問題自識

A. 研究範囲の限定（目的指示）

B. 猿の掛け図鑑賞

C. 教師のお話 生活内省へ

D. 自発問題の発表

2. 問題構案
A. 自発問題の吟味
B. 前課の想起
C. 教師のお話　子猿の孝心
D. 詩「カタタタキ」の研究
3. 問題解決
A. 具体的事項の考究と発表
B. 右実施
C. 教師のお話　総括的に
D. 詩「カタタタキ」暗唱

右の学習指導案をもとに次のように授業を進めていきます。

1. 問題自識

A. 研究範囲の限定（目的指示）

前日予定案を立てるとき「どこを研究しましょうか」「おさるさんのところ」と定め

てはいるが、また改めて「どこを見ていますか」と言って、それとなく中心点をそれないようにする。

B. 猿の掛け図鑑賞

一重《ひとえ》に（ただひたすら）児童の直観に任す。

C. 教師のお話　生活内省へ

「皆さんのおうちのお父さんやお母さんは皆お元気ですか」「どこかおけがをしておられますか」等の問いを発して児童の自発問題発表を誘導する。

D. 自発問題の発表（一例）

A児「うちのお母さんは肩がいたいのです」
B児「僕のお父さんはよく頭がいたいのです」
C児「私のおじいさんは毎日ヤイト（灸）をすえておられます」等

問題自識の補足・解説

猿の掛け図では、親猿が猟師に撃たれて、猟師の家の天井から吊り下げられており、それを三匹の子猿が跳びついて親猿の傷を温め、親猿をいたわっている姿が示されています。

「問題自識」は、これから学習することの目的をはっきりとつかむ段階です。児童は、生活の中に出てくる即座に解決されるべき道徳的問題や、未解決のまま苦しんでいる道徳的問題、教科書を読んだり説話を聞くことによって生じる道徳的問題、生活そのものから出てくる悶《もだ》え（悩み苦しみ）を、日頃から修身学習帳に書き留めています。反省帳に書いたり、反省会で取り上げる場合もあるなど、日常生活の中においても、道徳的問題を常に意識させるようにしています。

「研究範囲の限定」では、この時間にどのような問題を研究するのかということを、相談により、はっきりととらえます。そこで限定された範囲の中で、児童は静かに反省を行い、道徳的問題を選択し、思い起こし、深く追究していきます。

「自発問題の発表」では、児童は考えたことを思う存分正直に発表します。教師は、児童から出てきた問題を板書したり、吟味したりしていきます。

2. 問題構案

A. 自発問題の吟味（一例）

教師「皆さんはそのお父さんやお母さんのご病気のときは心配でしょう。ご病気のときにはどうしましたか」

A児「静かにしてお薬をとりにいきました」

教師「おお偉い、お母さんはどうしてお肩がいたいのでしょう」「Cさんのおじいさんはなぜヤイトをすえておられるの」等

教児（教師と児童）の問答により吟味していく。ただし簡単に。

B. **前課の想起**

お八重《やえ》が入学するとき、また病床にあるときの親の恩を復習的に想起せしめ、教師の説話により親孝行の心を起こさしめる。

C. **教師のお話　子猿の孝心**

孝心を発揮した子猿の例話（教科書）につき感激せしめ、いっそう児童の孝心喚起に努む。

D. **詩「カタタタキ」の研究**

とろとろとろける愛情の音楽、平和な明るい魂の故郷に一人の女の子が母の疲れを癒

やすため肩をたたいているのである。たたかれて癒える肩のこりよりも、たたいてくれる子供の心ゆかしさに早や気もとろけて、日なたに眠る白髪の母親……子供の喜びもまたこの上なかろう。十分に読み、十分に味わわす。

問題構案の補足・解説

「問題構案」は、先ほど児童から出てきた問題を教師と児童が真剣に考えていく段階になります。教師は心からの同情をもって児童の意見を受けとめます。児童はできるだけ工夫し、深く考え、葛藤します。

研究のやり方には、児童各自が研究する場合、教師と児童が一緒に考える場合、児童相互で研究を行う場合があります。

教師の説話や修身書、文芸材料や社会事情を参考資料とし、教師が準備しておきます。

児童は、自分が出した自発問題、他の児童の自発問題、そして研究中に新たにぶつかった問題の解決へ向けて、研究を進めていきます。修身学習帳（ノート）に書いたり、実践の方法を深く考えたり、自分の意見を発表したりしていきます。

ここでは、教師は、いくら注意しても、訓示をしても、しゃべってもよいのですが、強制・抑圧・詰め込みにならないようにします。児童をどこまでも伸ばしてやりたいという親切で尊い相談相手にならなければなりません。

3．問題解決

A．具体的事項の考究と発表（一例）

教師「お猿さんもこの女の子も皆親を大切にしていますね。Aさんは、B君は、Cさんはどんなにしますか」

A児「私も今夜からその子のように肩をたたいてあげます」

B児「僕はどうしようか、お父さんの頭を冷やしてあげます」

C児「私はおじいさんの痛いところをたたいてあげるの」等

教師「皆んな偉いね、先生より偉いことを考え出したね。しかし、できますか」

全児「はい、やります」

B．右実施（一例）

教師「そんなら一つ皆でやってみましょうか。肩たたきが多いようでしたから、この歌を歌いながら、やってみますか」

「誰がお父さんになるの。B君かね。ハハハハ。それでは、前列が初めにお父さん、次は後列がお母さんです。かわりっこにやりましょう」タントンタントン・・・・・・実施

A児 「先生もしてあげましょうか」

一同教師に群がってタントンを始める。

教師 「今度はもみましょう」「今度はさすりましょう」「今度はお薬を持って来てあげましょう」等々実施。

C．教師のお話　総括的に

本時を追想し、これを総括的に取り扱い、児童の孝心を喚起し、児童の実行への奮起をなさしむ。

D．詩「カタタタキ」暗唱

オルガンに合わせて一同愉快に、はっきり相手の親を求めて肩たたき……夢の天国へ……鐘がなるまで。

問題解決の補足・解説

この授業では、「♪かあさん　おかたを　たたきましょう　タントン　タントン　タントントン～」という西條八十《さいじょうやそ》作詞、中山晋平作曲の有名な童謡「肩たたき」を使って授業が進められています。

「問題解決」は、教師と児童が真剣に研究して解決した事柄を各自が発表し、児童が相互に批判討議し、教師の補説により完全な解決へ向かう相談を行って、これを実践へ、やがては品性へと進めていく段階です。

児童は、感想や決意を語ります。文章を朗読したり、参考資料や教科書を読んだり、作文によって発表させることもあります。教師も時々意見や感じたことを述べますが、多く話してはいけません。

児童は相互に、実行する上での約束をし、教師はここで決めた実践が永続するよう奨励します。

修身学習帳の検閲を行い、個別的相談を行います。未解決の問題は次回の授業にまわし、できる限り教師児童ともに満足の境地を味わうようにします。


檜高校長は、次のように述べています。

「修身教育は児童の生活を離れて存在すべきものではなく、生活そのものを研究する以外にはあり得ません。」

堀越先生　**「私自身が習ってきた修身も、今でも印象に残っとる。絵とか、先生が話しちゃったこととか。他のことは忘れとるが、国語や算数は忘れとるが、修身だけはね、こ**

の年になっても、まだ小学校一年生のときに教えてもらったことが頭にあるんだから。そういうことからいえば、大切な教科じゃったんよ」

6　机間巡視

授業では、机間巡視を非常に重視し、常に行っていました。机間巡視というのは、教師が児童の机の周りを歩き、見て回ることです。この時間を利用し、教師は、理解できていない子供のところへ行って指導します。このようにして、児童みんなに、まんべんなく同じように力をつけさせようとしました。

堀越先生　「机間巡視というのはね、なかなか難しいんですよ。教科書の内容を丹念に教えていくには時間も相当かかるわけよ。机間巡視をしながら、何をしたらよいのかわからない子にアドバイスをしたり、みんなより理解が遅れている子を引き上げていったりするんです。それぞれの子供に合ったような指導を行うには、先生も子供をよう知っとらんにゃいけんわけよね」

著者　「机間巡視していたら、授業がなかなか進まないということはありませんか」

堀越先生　「進まないです。ところが、進まないというのは、先生の考え方であって、実際は、児童一人ひとりをすくっていくのが、本当の教育なんですからね。それを忘れて、先生だけがしゃべるというようなのは、教育とはいわないんです」

7　相談学習の実際

今度の授業でここをやりますと決めたら、児童は事前に教科書のそこの箇所を読んだり、自分なりに研究したりして、そこで疑問に思ったことを「問題帳」というノートに書いてきて、それを発表します。あるいは、児童全員の問題帳を提出させ、教師が児童の疑問点を把握し、重要な問題の場合には、それを授業で取り上げることもあります。

児童同士で話し合って、みんなで疑問点を見つけ出すという場合もあります。

または、児童にとっては、教科書前提でないと、つかみどころがないので、具体的に、教科書の中のある点を教師が「これについて考えてきなさい」と言って指示し、一点だけに集中して考えさせるということもあります。

子供は子供なりに疑問をもちます。それを教師が把握し、その問題を解決していく授業を考えていきます。

千葉命吉は、児童が問題を自ら発見することが非常に大切であり、それが独創への出発点であると述べています。

堀越先生　「問題をもたなんだら授業にならんのよ。一方的に先生がしゃべって教え込むんじゃなくて、子供が問題をもっとるから、受け皿ができとるんよね。そこで授業を進めていくんです。無駄がないわけよ。だから、子供は一生懸命なんですよ。聞きとうないのを聞くんじゃないんだから」

著者　「例えば、子供が疑問点を出したといっても、かゆいところに手が届かないという場合もありますよね。ここの単元だったら、先生は本当はここを教えたいと思うのに、観点がずれているということはないのですか」

堀越先生　「あるよ、そりゃ。ずれはあるんよ。それをいい具合に先生が調整せんにゃいけん。それが腕よね。それを先生が指示したんじゃなくて、子供から出たようにもっていかにゃあいけん」

著者　「よくできる子ばかりがいろいろ疑問を出したり、決まった子ばかりが発表するということはないのですか」

堀越先生　「それはないね。それはさせんのよ。落ちこぼれをつくらんために、勉強が苦手な子の言葉を主に拾い上げていくということよね。むしろそういう子の言葉のほうを大切にしていく。自信をもたせる」

著者
「堀越先生以外の他の先生方もみんな、やはりそのようにやっておられたのですか」

堀越先生
「全部そうですよ。西条教育は全部そう。毎日、何人かの参観者がある。だから、先生もうっかりしとられんのよ。専門の人が見に来とるんじゃけんね、必ず。人のおらん授業はほとんどない。だから、そういうところはね、よく子供の心をくまんとね。見に来とる人は、帰ってから参考にしてやろうとするんじゃけ」

著者
「児童にあてたら、自分が期待していないような答えを言ったりしますよね。自分でも計画していないような突拍子《とっぴょうし》もないことを言ってきたりしたら、臨機応変にしないといけませんね」

堀越先生
「そりゃそうですよ。そりゃ子供次第ですからね。私が考えた以外のことが出てきたとき、それに対応せにゃいけん。それをむちゃくちゃに引っ張っていったら、それこそ子供の力にはなりません。子供が反発するからね。だから、子供の考えとることを上手に引き出すこと。教えるんじゃなくて、引き出すことが教育といえるんじゃないかねぇ。子供は力をもっとる。ところが、『三たす二は五』というのは、教えていかにゃいけん。そういう基本的なことは教えていきますから」

堀越先生「子供じゃ思うちゃいけんのよのう。子供は偉いよ」

児童は自分たちで問題を考え出して、いろいろな実験をしたり、教師と相談をしたり、児童同士で相談し合ったりして、だんだんと結論を出していきます。

堀越先生「先生に教えてもらうんじゃなくて、子供が自分で解決するという形をとる」

著者「みんな、自分で解決できるんですかね?」

堀越先生「解決できますよ。先生にきいたり、自分の思ったことを発表したり、他の子の意見をきいたり、討論もするんだから。授業といったら、一方的に教えてもらうことと思うとるかもしれませんが、先生を中心にして、とにかく一緒に考えていくというやり方です、西条教育というのは。自識・構案・解決という授業形態を先生方に身につけてもらう。具体的なやり方は、先生が自分で考えていく。児童から出てきた問題を次の時間にもっていくようなことは、できるだけ避ける。その授業の中で、解決する」

著者　「それでも、まだ解決できない子が、『この問題がよくわかりません』と言ったら、それを今度はみんなの問題として、相談したりして解決していくのですか」

堀越先生　「そうです、そうです」

著者　「みんなの問題を解決しようと思ったら、大ごとですよね」

堀越先生　「大ごとなんです。大ごとなんですが、それをやるのが先生の力です。それをね、普通は見逃すんです。わからん子供が出てくることが、いい授業なんです。わからん子供に発表させて、それをまたみんなで考えていくんです。常に、子供から出た意見を生かしてやっていく授業です」

著者　「例えば、一クラス四十人児童がいて、三十五人はわかっているけど、あとの五人はまだよくわかっていないとか、何か問題点がわいてくるような場合がありますよね。そこで鐘が鳴ったりしたら、次はそのテーマで授業を組み立てることになるのですか」

堀越先生「そりゃそうなりますけどね。時間配分は、先生は上手にやらにゃあいけんのよ。五分前や十分前には、最後に先生は、ぴしゃっとまとめていく。『今日は、○○君は、こう言ったけど、こうなったね』『今日は、こうだったね』と。今日の中心点を書いて、わかったねと確認する。みんなも『わかりました』というのが、顔に書いてあるからね。先生はそれを見て、今日の授業を終わる。当時は四十五分授業だったと思うけど、四十五分の中にぴしゃっとまとめるだけの力をもたにゃあいけんのよ。次の授業の問題をもつことも大切だが、その時間にできるだけ解決するという手腕を、先生方は身につけんにゃいけん。子供たちは、ほとんどが満足しとったんじゃないかと思うよ。顔に書いてある。その顔に書いてあるのを読み取る先生じゃなけにゃいけん」

著者「そういうことをやっていたら、教師は、人の心がわかるようになってきますかね」

堀越先生　「わかるよ。受け持ちですからね、毎日顔を合わせようるんだから。子供の家庭も、子供の性格や日々の様子も知っとるわけだから。そりゃあ、我が子と同じですよ。わかるわけよ、子供の表情でね。今日何かあったのうということもわかるしね。四十人の子供がおっても、個人個人の教育というふうに考えていかにゃあいけんよね。一人ひとりの目を見つめて、授業をしていく。普通は、十把《じっぱ》一絡《ひとから》げ（全員をひとまとめにして扱う）になるけど、それをしないのが、正しい教育なんよね」

著者　「大変ですねぇ」

堀越先生　「そりゃあね、大変なようだけど、身につけば、できるんです。毎日の仕事だから。身につけにゃいけんわけだから」

自分たちでわかったことを、最後にグループで発表したりしていきます。発表することによって、児童みんなが授業に参加しているという意識になります。教師がまとめるより、児童に発表させたほうがよく徹底する場合があります。

このように、授業そのものは、「問題の自識・構案・解決」の三つに分かれています。

「自識」で、子供の心を引きつけ、問題を提起したり、把握したりします。これからどういう問題について研究していくのかを、子供に意識させるのです。

「構案」は、活動そのもの。子供は作業をしたり、本を読んだり、話を聞いたりして、問題を解決していきます。

「解決」では、まとめをしていきます。黒板でまとめる教師もいるし、児童に発表させて、それを整理する教師もいます。いろいろな形式があります。

学習指導案を考えるときには、常にこの三本柱を意識しながら、授業を組み立てていきます。堀越先生は、四十五分間の毎回の授業で、この「自識・構案・解決」を必ず入れるようにしていました。その時間その時間で、必ず「解決」までもっていったのだそうです。そして、次の時間には、また別の問題に取り組んでいくのです。

では、実際の「相談」はどのように行われていたのでしょうか。

例えば、Aさんは「私はこうだと思います」、Bさんは「私はこうだと思います」と言って、意見が分かれた場合、教師は答えを出しません。児童みんなに「どうだろうか」と投げかけて、意見交換をさせます。

堀越先生　**「面白いよ、そりゃあね。子供なりにね、いろんな意見を言うんですよ。単純なこ**

とを言うのもおるし、大人が言うようなことを言うのもおるし。それらが非常に子供同士で参考になるんですね。自分の意見もさることながら、人の意見も面白いのうということになってね、相談学習も徹底していくんです」

教師が教え込むというより、「みんなはどうだと思う?」と問いかけて、児童に自分たちで相談させ、そこからよい意見を出させるのです。子供たちの中から、私たち大人の頭で考えるよりもっと柔軟で突飛《とっぴ》なアイデアが生まれてくることもあるのです。

著者「『いや、こっちはこうだ』と意見が二分して、まとまりがつかないということはないのですか」

堀越先生「もちろんあるよね。そりゃ、まあ、先生が出にゃいけん。『どうじゃろうかね?』と先生が解決にもっていくような発問を出してくる。先生の出す言葉を『発問』

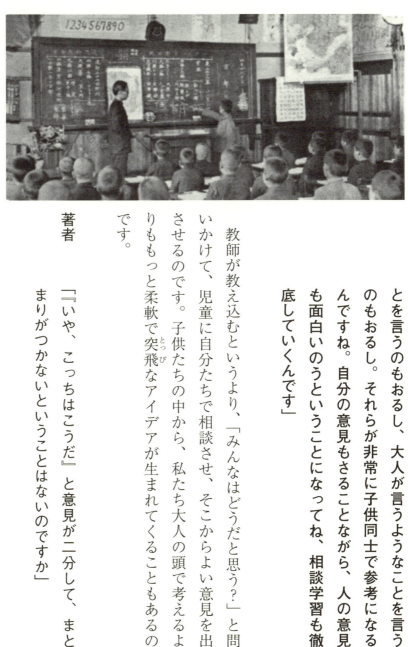

というんですが、発問によって子供は動く。発問のしかたによってね」

いかにうまい発問をするかというのがポイントなのです。教師の発問は、子供を動かすので、大切なのです。

著者　「みんなに同じように教えようとすると、やっぱり授業についていけないような子は出ますよね。そういう子には、補習のようなものがあったのですか」

堀越先生　「補習はない。すぐ理解できる子も、すぐには理解できない子もおるけれども、やっぱり教え方じゃないかね。先生がしゃべるだけじゃなくて、一人ひとりの子供に合うように相談しながらやるのが、相談学習ですから。子供と相談してやるんだから。だから、力がつくんじゃないんですかな」

堀越先生　「あることを教えたとするでしょ。理解のはやい子は、勘がいいから、はよう納得する。理解の遅い子は、なかなか納得できん。その理解の遅い子にもわかるような授業をする先生、理解の遅い子をすくうように上手に教える先生が、上手な先生なんよ。同じように力がつくように教えていきゃいい。通りいっぺんの授業をすると、授業についてこれない子が出てくる。わからせるためには、口で言っただけじゃわからんから、行動でね、身体で覚えるようにさせる。身体を通して納得させる、というようなことが独創教育であり、相談学習なんですよ。子供と相談しながら、子供がわかるように。子供たちが教えてもらうというより、自分で考えながら、先生と交流しながら、勉強するんだから、頭に入るんじゃないんかな。そういう授業経験を先生は積んでいかにゃあいけん。どこでどういうふうな実験をする、どこでどういうふうな話をする、どこでどういうふうに身体を動かす、立たせてどうするとかね、踊らせてみるとか、どこへ連れていこうとか、たくさんの行動が詰まった総合した授業計画をする。そういうことによって、落ちこぼれは、なくなっていく。落ちこぼれた子供をすくうんでなくて、落ちこぼれさせないような授業をするのが、独創教育なんです。すくうんじゃないんよ。初めから落とさんように、考えていく。先生が主に考えにゃいけんのよ。その研究を檜高校長さんが、みんなにさせたわけよね」

堀越先生は、自分が受け持った児童の中に、勉強が人より遅れている子がいても、授業の中で、その子を生かすことを考えたとおっしゃっています。それも檜高校長の影響なのだそうです。どのようにすれば、「一人ひとりの子供を生かす授業」ができるかを考えました。

中には、授業に集中できない注意散漫な子供もいましたが、授業を聞かない子供が一人もいないような授業をつくりだしていったのです。

ある児童、A君は「僕はこう思う」と言い、B君は「僕はこう思う」と言う。B君が自分の意見をあきらめて、A君に「妥協」するのは、本当の「相談」ではありません。また、A君とB君がいつまでも平行線で「闘争」するのも、「相談」とはいいません。「相談」によって話し合うことで、もしかすると、A君やB君の意見を超えたCというすばらしいアイデアが生まれるかもしれないのです。

相談学習により、児童と教師、児童と児童で相談しあうことによって、自分一人では考えつかないような新たな発見をしたり、すばらしいアイデアが生まれたりしました。勇気をもって自分の考えを主張したり、時には相手に共感し、それを受け入れたりすることもあります。また、意見が対立する場合は、討論することによって、双方が納得できるような別の新たな解決策を生み出していく。それは、双方の衝動をみな満足させることであり、それこそが、まさに「独創」なのです。そのような柔軟な発想力を育てる訓練を、日頃の授業の中で行っていくことで、知らず知らずのうちに児童の「独創力」は養われていくのです。

檜高憲三が西条小学校の校長に赴任してきた当時の西条町は、二つの政党の対立で、町は真っ二つに分かれ、町民がお互いに争っていました。西条町民の対立的、不統一な雰囲気が教育に及ぼした悪影響によって、独創性は阻害されてきたと考えられていました。このように、いつまでたっても平行線で対立的な町民たちの姿を目にし、檜高校長は、この町に欠けているものに気づいたのです。それはお互いに共感しあい、話し合うことによって、目先の利益ではなく、町のために、みんなが本気になって、より高い次元のものを生み出していく「独創力」でした。これからの町の発展を考えると、将来の西条を担っていく子供たちの教育は急務であり、それを実現するのが、この「相談」であると考えたのです。

檜高憲三は、これ以外にも千葉命吉の独創理論をよく研究し、それを自分のものにして、独創力を育てるためのさまざまな方法を考案していきます。

例えば、前述の「永く続けるといっても循環のたびに新しさを加え、価値のあることが独創である」との考えにより、運動会などの行事でも、新しさを加え、毎年新鮮味のあるものにしていきました。

そしてさらに、自らが「真の独創人」でもある檜高憲三は、独自の発想で「西条教育」をつくり出し、すばらしい実績をあげていったのです。

千葉命吉は、西条小学校を「日本唯一の独創教育実施校」であると述べています。

第九章　西条小学校の日常生活

1　反省会

前述の「学校改革への取り組み」の一つにもありましたが、檜高校長は、「反省」に重きを置いていました。

ふだん私たちの生活では、やったらやりっぱなしということがほとんどです。しかし、檜高校長は、何事も反省があって初めて、発展すると考えていました。反省をすることによって、良い点と悪い点を意識するようになります。西条小学校では、次への発展のために、記録を書いて残していました。

児童は毎日、授業後に行う「相談の時間」のときに、その日の反省会を行います。気づいたこと、直したほうがよいことなどを、児童が発表し、話し合います。

また、各児童が持っている「予定簿」の中にも「私の生活記録」という欄があります。家に帰ってから、その日にやるべきことを予定通りきちんとこなせたか、一日をふり返り、反省の記録をつけます。

教員自身も、必ず反省を行います。行事が行われたときなどは特に、反省会に力を入れていました。反省会では、他の教員から個人的な指摘を受けることもあります。

堀越先生　「反省というのは、非常に大切な問題なんですよ。ことごとく自分をふり返るということですからね。反省がなかったら、絶対に発展しませんからね。反省会というのは、常にやっていましたね。物事はすべて反省から成り立ったような気がするね。反省する機会は、普通は、なかなかないじゃない。でも、そういう習慣が身についてくる」

著者　「普通、反省はあまりしたくないですよね。悪いところが目につきますから。痛いところをつかれるような、みんなから批判されるような、苦しいイメージがありますよね」

堀越先生　「当時の反省会というのは、あなたが言うようなイメージではなかった。私はそのような感覚をもったことはない。悪い点を言われても、一つも気にしない。次の発展のために利用すればいいだけだから。改革のための反省。悪いイメージはなかった。嫌な感じをもったことはない。次への意欲がわいてくる。なにくそといって。改革をしようと思うたら、対立があるんよ。対立といっても、派閥という意味じゃないんよ。伸ばすための、『私はこうやったらいいと思う』『私はこう思う』という意見。真反対のことを言うこともある。両方とり入れるわけにはいかんことがある。どちらかを選ばにゃいけんこともある。でも、対立がないことは、もっと怖い。否定されても、反発を感じたことはないね。伸ばすためには、必要なことじゃけんね。そういう腹の太さを檜高校長さんは、教えてくれちゃったんよ」

著者 「ちょっと人から言われたぐらいでは、へこたれないような強さがあったのですね」

堀越先生 「反対意見が出ても、『そうかもしれんな』と納得しよったよ。太っ腹になるんよ」

2 鐘と振鈴

当時は、授業開始や終了の合図はチャイムではありませんでした。外国の教会などで見られるようなカーンカーンと鳴る鐘でした。直径二十センチメートル、高さが二十センチメートルぐらいの鐘です。

西条小学校では、一階の校務室の窓の外に鐘が吊り下げられています。用務員さんが窓を開けて、鐘を鳴らしていました。鐘の舌《ぜつ》（鐘の内側にあり、ぶつけることで音を鳴らす金属の部品）につけたひもを揺らすと、学校中に聞こえるほどの大きな音がしました。

著者 「用務員さんがうっかり忘れていたら……」

堀越先生　**「そりゃ、大ごとよ。時間通りにやってもらわんにゃ困るよね。一分遅れたり、一分早かったりしても困るんよ」**

著者　**「責任重大ですねぇ」**

鳴らし方には、「カーンカーンカーンカーン」「カーンカーンカーン」「カーンカーン」などいろいろあり、それぞれ意味がありました。鳴らし方は、各学校で決まっていたようです。例えば、授業のはじめには、「は・い・れ」の合図の「カーンカーンカーン」。これは、「教室に戻ってください。授業が始まりますよ」ということを意味します。授業がすんだら、「で・よ」の合図の「カーンカーン」。これは、「授業が終わりますよ。教室から出てください」という意味でした。授業中、児童は「そろそろ鐘が鳴るはずなんだけど、まだかなあ」と、鐘が鳴るのを楽しみにしていました。

非常の場合や避難訓練のときなどは、「カーンカーンカーンカーン」と激しく鳴り、そのときは、授業をやめて、みんな運動場に集合します。

時には、「リーン」という振鈴《しんれい》による合図も使われていました。振鈴というのは、先ほどの鐘が小型化したようなもので、それに木製の持ち手がついています。持ち手を持って振ると、

「リーンリーン」ときれいな澄んだ音がしました。
児童は、朝早く登校し、授業が始まる前に、運動場で楽しく遊んでいます。始業五分前になると、「リーンリーン」と、振鈴の音が校庭に響きわたります。児童は歩いていても、そのまま止まります。「リーン」という音がちょっとでも聞こえたら、どんな恰好《かっこう》をしていようと、そのままの恰好で止まらなければなりませんでした。例えば、走っていた子は走っていた恰好のままで、ボールを投げていた子は投げていた恰好のままで、一歩踏み出していた子は一歩踏み出したままで止まります。そして、しばらくすると、「カーンカーンカーン」と鐘が鳴ります。みんなは再び動き出して、小走りで教室へと戻ります。
そのときの光景をちょっと想像してみるのですが、想像しただけで笑ってしまいます。もしそこに私自身が居合わせていたら、まるで時が止まってしまったかのように思えるかもしれません。このようにすることで、動作と動作の間に区切りをつけ、気持ちの上でもけじめをつけさせるという意図があったようです。

二野宮さん「だから私たちの年代の者はみな、ものすごく几帳面なんですよ」

子供の頃からのこのような習慣によって、一つひとつの動作にけじめをつけることができ、きびきびと行動できるようになります。

鐘や振鈴の音にしたがって、児童は行動します。それらは、学校全体の行動を左右するものでした。

3　奉安殿

校門を入ったすぐ右側に「奉安殿《ほうあんでん》」がありました。当時は、奉安殿はどこの小学校にもありました。

学校によってデザインはさまざまだったようです。奉安殿には、天皇皇后両陛下の写真である御真影《ごしんえい》と教育勅語《ちょくご》が納められていました。奉安殿は鉄の扉で、鍵をかけることになっていました。校長以外誰も開けることはできませんでした。

児童も、教員も、保護者も各自、校門を入るときには、まず学校に対して一礼して入ります。そして、奉安殿の前を通るときには、奉安殿に向いて最敬礼をします。薪《たきぎ》を背負い寸暇を惜しんで勉学に励む二宮尊徳の像が奉安殿のすぐ近くにあり、その像にも一礼して、教室に入っていました。また、帰るときには奉安殿に最敬礼をしてから帰ります。それは欠かすことなく毎日行われ、徹底していました。どこの小学校でも、登校・下校時にやっていました。

四大節《よんだいせつ》には、学校では式が執《と》り行われました。四大節とは、四方拝《しほうはい》である一月一日（元日）、紀元節である二月十一日（現在は建国記念の日）、天長節である四月二十九日（昭和天皇誕生日。現在は昭和の日）、明治節である十一月三日（現在は文化の日）のことです。四方拝の一

後方右の建物が奉安殿。右から５人めが檜高校長

月一日は、一年間の安泰を願います。紀元節の二月十一日は、日本の建国を記念し、昔を想い、現在を想い、将来を考える日でした。明治節の十一月三日は、江戸時代から明治時代へと移行し、今までの幕府政治から天皇中心の政治に戻り、現在の日本の国の形態となった、時代の大きな節目を祝うものです。天長節の四月二十九日は、当時の天皇の誕生を祝う日でした。

　四大節の式があるときには、その日の朝、校長は白い手袋をはめ、奉安殿から御真影や教育勅語を取り出し、講堂へ持っていって飾ります。講堂の舞台の奥に、扉を開けて御真影を入れるところがありました。どこの講堂もみな、そのようになっていました。式が始まるまでは、その扉は閉められていて、式が始まると、扉は開かれます。

　式の司会は教頭が務めます。教員も児童もみんな最敬礼をしてから式は始まります。とても厳粛な雰囲気で、一年生から高等科まで、咳ばらい一つする者はいません。校長が教育勅語を読み上げるのを、みんなは最敬礼をして聞きます。男性教員はモーニングか袴《はかま》、または詰襟の制服を、女性教員は袴をはいています。児童もきちんとした服装をしていました。

四大節には、それぞれ、その日にうたう歌がありました。例えば、一月一日の四方拝にうたわれるのは、今でもお正月に耳にする「♪とーしのはじめのためしとて～」（『一月一日』千家《せんげ》尊福《たかとみ》作詞、上真行作曲）という、みなさんに広く親しまれている歌です。式では、「君が代」と四大節の歌をうたっていました。

式がすんだら、最敬礼をし、扉は閉じられます。式がすべて終わったら、校長は御真影や教育勅語を再び奉安殿に納めます。

4 宿直

どこの小学校も、奉安殿があるので、学校を誰かが守らなければならないことになっており、学校を留守にすることはできませんでした。

そのため、日直と宿直がありました。必ず毎晩、宿直として、男性教員が一人ずつ順番に学校の宿直室に泊まっていました。宿直室は広い畳の部屋で、そこにふとんを敷いて寝ます。学校が休みである日曜日や祝日の昼間は、女性教員が日直として学校を守ります。

西条小学校では、他の小学校がやらないようなことをやっていました。宿直のとき、毎日男子児童も五、六人一緒に泊まるのです。五・六年生の男子児童が全員、順番に泊まっていきます。

今夜宿直をすることになっている子供たちは、授業が終わると、いったん家に帰り、家庭の仕事をしたり、夕食を食べたりして、予定時刻に小学校に集合します。学校にひと晩泊まったら、翌朝は、帰って朝食を食べ、再び登校します。

当時は塾などない時代ですから、夜は、教師と一緒に勉強しました。また、堀越先生の師範学校時代の夜警のように、みんなで学校内を巡視していました。別に異常があるわけではないのですが、それぐらい自分たちの手で学校を大切に守ろうという意識が強かったようです。

著者　「明日の予定をみんなで決めて、次の日にその授業をしようと思ったら、次の日までにあと何時間かしかないじゃないですか。宿直をしている間に、次の日の準備をされるんですよね。宿直の先生は、時間がないですが、次の日の授業をどのようにされるのでしょうか」

堀越先生　「そりゃあ、やるんよね。いつが自分の宿直の当番かわかっとるから、宿直が始まるまでに、準備を大急ぎでやる。夜は、子供たちの勉強をみてやったり、自分は本を読んだり。それがすんだら、一緒に寝るんです」

堀越先生　「いつかね、参観の先生が、おそらく西条に泊まられたんじゃ思うけど、朝早く学校の様子を見に来られたことがあった。子供が朝、学校周辺を見回りしよったことがあるんよね。子供たちがその先生とやり取りしていたことがある」

著者　「日頃、全国から先生が参観に来ておられますが、その先生方は、西条小学校が放課後はどのようにしているのか、朝早くはどのようにしているのかと思って、見に来ておられたということですか」

堀越先生　「それはあったね。そこらが怖いじゃない」

著者　「気が抜けないですねぇ。見回りは、子供が自主的にやるのですか」

堀越先生　「もちろんそうですね。子供もその気で来ているからね。ひどく負担にはならないんだ。宿直を負担に思ったことはありませんね。楽しさもあったね。一緒に寝起きすることはええことよね。そういうことで、子供たちは、学校に対する愛着をますます深めていくんよね」

宿直を経験することで、学校に対して親近感がわき、一緒に泊まった児童や教員はみんな仲良くなりました。

5　掃除

西条小学校の教室や廊下の床はいつもピカピカで、顔がうつるほどだったそうです。まずは、汚さないこと。児童は、汚したら、すぐその場で掃除するようにしつけられていました。

普通、廊下の掃除といったら、自分の教室の前だけをやります。自分のクラスと隣のクラスの境目あたりは、だいたいやり残すことになります。ところが、西条小学校では、自分のところだけをきれいにするのではなく、隣までもやるようにと教えられていました。廊下を掃いたり拭いたりするときは、ちょっと行きすぎるまでやるのです。お互いに相手のところまでやることで、きれいになります。自分のところだけでなく、もうちょっと隣までやってあげましょうという気持ち、奉仕の精神を子供に徹底していました。

堀越先生　「ちょっとできんことよね。子供もそのことを誇りに思ってやりよった」

檜高校長は次のように言っています。

「床を磨く事は心を磨く事であり、床が光れば即《すなわ》ち心が光るの奉仕行《ほうしぎょう》に専念するのであるから、隣の廊下を二米《メートル》も三米も磨いていくのである。禊《みそぎ》の精神を以《もっ》て行ふ《う》のでなければ本當《ほんとう》の掃除にはならぬ。」

檜高校長の家は、西条小学校のすぐ隣にありました。

午前八時から学校が始まるなら、早い児童は六時台に登校し、学校の掃除を自主的にやっていました。毎朝、学校の敷地内だけでなく、校長の家の周りから、学校の周辺や道路など、黒橋から線路沿いの道まで全部掃除をしていました。

児童は、先輩からの引き継ぎとして、やらなければならないこととしてやっていたのだそうです。先生から言われてやるのではなく、奉仕の精神で進んでやっていました。

6　お昼寝

これも独創的な発想なのですが、西条小学校では、授業の合間に「午睡《ごすい》時間」（お昼寝の時間）があります。児童が全員、いっせいに教室の机の間や廊下に寝るのです。教師は一緒には寝ません。ふとんも枕もありません。真冬は、お昼寝の時間はありませんでした。

最初は、隣の児童をつついたり、ふざけたりして、児童はなかなか眠れません。

中原さん　「寝る時間には、寝られんのんですよ。もう起きなさいといって、音楽がかかると、

眠たくなる」

著者　「何も敷かずに寝たら、身体が痛くないのですか」

中原さん　「そりゃ痛かったかもしれません」

著者　「床《ゆか》に寝るのは、汚いような気がしますよね」

中原さん　「そりゃ、まあねぇ……」

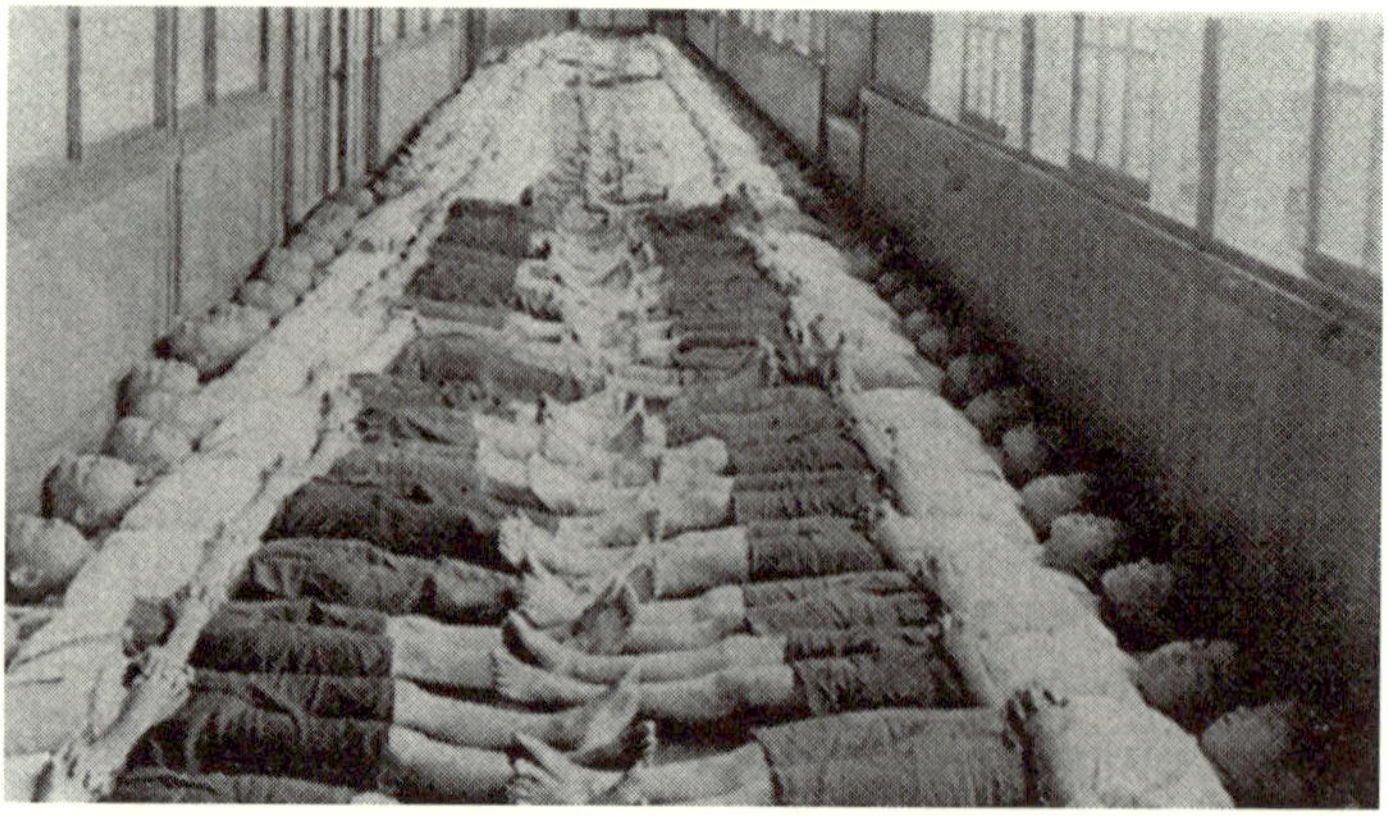

いつも参観者を意識し、全力投球の西条小学校には、お昼寝の時間が必要だったのかもしれませんね。お昼寝で、みんな英気を養っていたのでしょう。

床に寝るのは汚い気もしますが、自分たちが横になるところだからと思うと、それだけ掃除にもいっそう力が入ったのではないでしょうか。案外、よい方法かも……。

7 お風呂場

西条小学校には、中校舎の西の端にお風呂場があります。金《かね》でできた五右衛門風呂《ごえもんぶろ》です。そのまま入ったら熱いので、丸い板を踏みながら沈めて、それを底にして、湯船につかっていました。

教員全員で宿泊したときなどは、校長から順番に、職員が次々にこの五右衛門風呂に入っていました。

堀越先生　**「檜高校長は、私らが考えられんことを考えてんよ。ここでね、炊事をするんよ。考えられんじゃろ。風呂釜でものを煮て食べるんよ。何のためじゃったか、いっぱい煮てね。食べたことがある。職員じゃったか、児童も一緒じゃったか忘れたがね。奇想天外なことを考えてんじゃけ。ほんまユニークなんよ。そりゃいいわいね、金だから。なんぼでもごちそうができるじゃろ？　何にでも使えるということが偉いじゃない。本当に面白い発想じゃ思うよ。それができるんじゃけん。ちょっと考えられんことを、さっとひらめくんじゃけんね。いっぱいそういうことがあった。それがいい具合に成功するんじゃけんね。偉い人じゃ思うよ。機転がきいてんよ」**

著者　「汚くないんですかねぇ」

堀越先生　「それよー、問題は。きれいに洗えばええじゃない。きれいに洗えば、食べられるということよ」

著者　「校長が言ったら、先生方はみんなどうですか。『うへぇ』と思ったんじゃないんですか」

堀越先生　「合理的なのうと思うたよ。そんな大きな釜はないじゃろ？　昔は給食はなかったんだから。そこで一番最初に、いなごを煮たんよね」

著者　「それは、とるところからやらないといけませんね。食糧難の時代だったのですね」

堀越先生　「そうですね。食べ物が少ない時だからね。タンパク源として、非常に有効であったと思うね」

教員たちは、まずはいなごをとりに行きます。いなごはバッタによく似ています。稲につく虫なので、田んぼにたくさんいました。昔は農薬がなかったので、田んぼに行けば、いなごはいくらでもいたのだそうです。

風呂釜でいなごを煮ます。煮ただけでもいいですし、煮た後で干してもいいです。まるでいりこのようです。栄養があるし、おいしいのだそうです。食糧難の時代にいなごを食べたという話は昔からよく聞きますが、それを風呂釜で煮るのもまた、独創的な発想です。

堀越先生は、他にも、この風呂釜で作った煮物を食べたことがあるそうです。

著者　「ということは、そこに、砂糖やしょうゆを入れるということですかね？」

堀越先生　「もちろん、そうよ。じゃがいもじゃったか、さといもじゃったか。大根も入っとった思うよ。もちろんいりこも入れて。だから、風呂という感じを抜きにせにゃあ食べられんわいね。垢《あか》はきれいに落としとるんだから」

著者　「きれいなものだと思い込んで食べるのですね」

堀越先生　「そう思わにゃ、食べらりゃせんわ」

著者　「『あれは風呂釜だったんだが……』と思ってはいけないんですね」

堀越先生　「そこらがね、原始的なというか……。清濁併《せいだくあわ》せるというところもね、校長さんの偉さじゃ思うよ。こういうこともできるんだ、考えればいろんなことができるんだということがわかるじゃない。風呂で煮るということを、普通は、よう考えんじゃない。それをあえてやるんじゃけ。それをやったんじゃけ、偉いもんよ」

8　九九

小学校二年生で、かけ算の九九を習います。

夏休みの間に、九九を覚えていかないといけませんでした。家庭学習として、毎日、親の前で九九を言わされ、ちゃんと言えたら、遊びに行かせてもらえていました。

新学期に学校が始まると、児童は一人ずつ先生の前で言わされます。全部言えたら合格です。途中で間違えたら不合格となり、合格するまで何度も挑戦します。早く覚え合格した児童、四、五人ぐらいが先生役となり、他の児童の九九を聞いてあげていました。

これは、とても効率のよい方法です。小学二年生でも、先生役は務まるものなのですね。児童も自信をもつようになり、進んで教師の手伝いをするよいきっかけにもなります。

なかなか合格にならない児童も、ゲーム感覚で楽しんで覚えることができますし、意欲もわいてくることでしょう。

9　いい子になりました

昔は、保護者が学校の教師に対して注文をつけたり、批判したりすることはありませんでした。

堀越先生　**「そりゃあね、今とは全然違うんだから。我々が子供の頃も、西条教育の訓導の時代もね、子供は、学校で先生にたたかれたり、怒られたりしてもね、絶対に、帰って親に言わなんだ。なぜかわかる？　家に帰って言ったら、もういっぺん怒られるんじゃけ。『おまえがばんぼしよったからじゃろ（いたずらや悪さをしていたからだろ）』と言うて、親にまた、たたかれる。だから絶対に言わなんだね。今頃は、反対じゃけんね」**

当時は、だいたいどこの学校でもそうですが、児童は、きちんとしていなかったら、罰として廊下に立たされることがよくありました。教師の言うことを聞かない子や、いたずらをする子、ふざける子などに、「おまえ、そこに立っとれ」と言って、立たせておくことがあります。授業が終わっても教師が「やめ」というまで立っています。

ある日、堀越訓導は、うちに帰ってゆっくりしているときに、ふと思い出しました。「あらっ？　今日、子供を叱って、そのあとで……」と記憶をたどり、はっとして、慌《あわ》てて学校に戻りました。

一人の児童がまだ廊下に立っていました。暗い中を泣きながら立っています。堀越訓導は忘れていたのです。その子供を家まで連れていって、事情を話し、「今まで立たせとったんですが、いい子になりましたから」と言いました。保護者は、「ありがとうございました」と言って、子供の頭をさすりながら、「おまえ、いい子になったんじゃげなのう（いい子になったそうじゃのう）」と言いました。

立たされた子は、教師の言いつけを守って、一人残ってずっと立っていたのです。「やめ」と言われるまで立っていました。

堀越先生　「素直なでしょ。だからいい子になるんよ、すぐ」

当時は、教師も大らかですが、保護者も大らかでした。保護者も児童も、教師を信頼していました。

教師と保護者の意見が食い違えば、児童はどちらに従えばよいのかわからなくなり、自分の味方をしてくれる側につくでしょう。それでは、なかなかよい教育はできません。教師と保護者が一体となり、正しいことは正しい、悪いことは悪いと、一貫して教えていくことで、筋の通った人間に育つのです。

先ほどの保護者の素朴な言葉に、子供への深い愛情が感じられます。この子はきっと、いい子に育つことでしょう。

また、例えば、今日習字があるのに、硯《すずり》を忘れてくる子がいたら、教師は取りに帰らせていたのだそうです。家が遠い子は、戻ってきたら、もうその授業が終わっていることもありました。

では、何のために取りに帰らせるのでしょうか。教師は、今後忘れ物をさせないために、しつけをしているのです。授業に間に合う、間に合わないは問題ではなく、それらが全部しつけになっているのです。

堀越先生　**「それが教育じゃけんね。教育というのは、知識を教えるだけではなくて、そういった日常の行動すべてが教育じゃった。罰も教育の一つ。忘れ物を取りに帰らせるというのは、公然とやりよったけんね。授業に間に合うかどうかは関係ないんよ」**

教師は、その時々に応じた教育を行っていました。こういう体験をした子は、二度と忘れ物をすることはなくなりますし、親も気をつけるようになります。

堀越先生　「ほめるばっかりでもつまらん。叱るばっかりでもつまらんからね。そこらは、先生がよく考えて、子供に合うようにやっていかにゃいけん。教育はすべて将来を考えて、今日でなくて、明日のことを考えてやるのが教育じゃけんね。

親が子供に対してもそうだと思います。愛情というものはなけにゃいけませんが、厳しさも愛情表現の一つじゃと思う。それがなかったら教育じゃない」

10　受験

小学校六年間を修了すると、広島市の中学校や高等女学校に進学する児童がいました。西条小学校からは、当時難関といわれていた男子の広島一中、広島二中、広島高等師範学校附属中学校、修道中学校、女子の第一県女、第二県女などに合格する児童も多かったようです。当時は塾のようなものはないので、小学校の勉強だけで、合格するぐらいの力がついていたということでしょう。

著者　「西条小学校から、一中などにたくさん合格したという話もありますね」

堀越先生　「力がついとったんでしょうね。平生の授業がよかったんじゃろうねぇ」

二野宮さん「檜高校長は、ある児童を壇の上に立たせて、みんなの前で『この子は西条で初めて○○に合格した。○○というところは、いい学校だ』と、ほめよっちゃった」

著者　「西条小学校からある学校に初めて児童が合格したような場合は、みんなの前でほめたりしていたのですね」

二野宮さん「ああいうところが偉いと思いますよ、あの先生は。みんなの前に立たせて、すぐほめてじゃけんね」

檜高校長は、有名な難関校に合格する子をほめていたわけではありません。西条小学校から挑戦して初めて合格したとき、「みんな、この子の後に続け！」と在校生を励まし、奮い立たせ、士気を高めていました。みんなの前でほめられた児童も、自信をもちます。

檜高校長は、受験以外にも、運動や図画をはじめ、日常生活での態度や行動など、いろいろな機会をとらえては、児童の持ち味を生かし、一人ひとりの児童を輝かせるようにしていたようです。

11　着物

昔は、お祭りのときには、着物を着ていました。たとえお姉さんからのお下がりでも、きれいな着物は女の子の憧れでした。

しかし、西条小学校では、お祭りには、絶対着物を着ていってはいけないと言われていました。せっかく楽しみにしていたのに、どうしてなのでしょうか？

それは、着物を持っていない子がいるので、そういう子に対する配慮だったのです。どうしても着物が着たい子は、母親の里の他の町まで着物を持っていって、そこのお祭りで着ていたという話もあります。

昔は貧しい時代で、児童の生活にも差がありました。しかし、何でも、児童に平等にさせるというのが、檜高校長の教育方針でした。

中原さん　**「級長でも学芸会でも、みんなが平等にやるんです。やってみたら、子供も、どうすればよいかということがわかるんじゃないんですかねぇ。そういう教育方針でやられたと思いますよ。すばらしい教育だったと思いますね」**

中原さん　**「『厳しいからいやだ』とか思わなかったです。戦時中じゃけんね。一生懸命**

じゃったから、できたんでしょうね。私らにとっては、いい時代だったと思いますね。わがままも言わないし、規律正しくね。よかったと思いますね」

当時の人たちは、貧しいながらも、きっと心の中に「豊かさ」があったのだと思います。みんなが一つになって、激動の時代を生きぬいてこられたのです。

12　黒橋を渡る

西条小学校の校門の前に「黒橋《くろばし》」と呼ばれる陸橋があります。みんなはその橋を渡って通学します。

朝、登校する児童は、学校がすぐ目の前に見えるのに、急に立ち止まり、じっとしていま す。学校に行くのがいやで、校門を前にし、急に足がすくみ前に進めなくなったというわけではありません。

しばらくすると、みんな再び歩き出し、元気よく校門をくぐっていきます。

では、児童は、なぜそこでじっとしていたのでしょうか?

実は、児童が黒橋を渡ろうとしたちょうどそのとき、汽車が黒橋の下を通過したのです。児童は汽車に気づいて立ち止まったのでした。

汽車が通過しているとき、黒橋を渡るということは、汽車に乗っている人たちの頭の上を歩くのと同じことなのだと、児童は檜高校長から教えられていました。ですから、児童は、いくら学校に遅れそうでも早く帰りたくても、汽車が通過するときは渡るのを待ち、汽車が通過し終わってから渡っていたのです。

陸橋は、踏切とは違って、汽車の通過を待たなくてもよいようにつくられた便利なものです。しかし、たとえ乗客が汽車という四角い空間の中にいたとしても、それでも、人様の頭の上を歩くことになり、それは失礼なことだと思ったのでしょう。檜高校長の常に人を大切に重んじるという考え方が、ここからうかがえます。

中原さん　**「みんな守っていました。今でも私は守っています。汽車に人が乗っているから、人の頭を踏むということになると教えられて、絶対に通りませんでした。みんな抵抗なく、必ず守っていました」**

内藤さん（元児童）　**「今でもその癖がついて、列車が通り過ぎるのを待つんです。あれはいいことかもしれませんね」**

当時は、自分のことよりも、他人のことを中心に据《す》えて行動することが多いように感じます。みんなが譲り合い、尊重しあって生活していたようです。現代は、個人の権利や個人の主張に重きが置かれ、自分を中心に据えて行動することが多い時代です。現代の私たちに欠けている大切なことに気づかせてもらったような気がします。

私も毎日通勤するのに、車で黒橋を渡っていますが、このお話を聞いてからは、列車が通るときには、前に進めなくなってしまいました……。

13　お祈り

中原さんが五年生だった昭和十六年頃のことです。檜高校長が大病をしたことがありました。毎日、休憩時間になると、校庭に全校児童が集まり、みんなで「よくなられますように」と、校長の回復を祈りました。

きっとみなさんのお祈りが届いたのでしょう。檜高校長は数か月後には回復し、学校に復帰することができました。

第十章　西条独創教育（2）

1　鐘なし日

「鐘なし日」という日があります。その日は、授業の開始や終了を告げる鐘は鳴りません。時間を気にすることなく、一日中自由研究をし、趣味を生かすことのできる日でした。学年の枠を取り払い、全学年がいっせいに行います。その日は、まったくの自由。何をしてもよいのです。遊ぶのも、研究のうちです。人から強要されてやるのではなく、全部自分の意思で動きます。

場所は、学校の敷地内です。校舎の中だけでなく、運動場を使うこともできます。どこでやってもよいのです。ただし、教師は常に安全に気を配り、児童は教師の目の届く範囲内で研究を行います。

「研究」とはいっても、まとめて、何かを提出するとか、発表するといったような課題はありません。ですから、自分の好きなように、自分の力に合わせて、伸び伸びと学ぶことができます。国語・算数・理科・社会などの学習を追究していく子、何かを調べる子、何か作品を作る子、絵を描く子、運動場で遊ぶ子、ちょうちょを追いかける子、木に登ってセミをとる子など、みんな思い思いのことをします。例えば、しばらくの間は理科の観察をし、次に歌をうたい、そのあとで、運動場に出て身体を動かすというのでもよいのです。何をしたらよいのかわからない子が出てこないように、教師は指導する必要があります。

堀越訓導は、ある時は、理科の実験をやってみました。どの学年の子にもわかるような実験をして、子供たちに見せてやります。小学四年生がやるような実験でも、小学一年生の子が興味をもって見ることもあります。子供たちは教師がやるのをただ見ているだけの場合もありますし、子供たちに実験をさせてみる場合もあります。

教師はそれぞれ、自分の特技を生かし、子供たちを楽しませることを考えました。この教師はこの科目などと、担当が決まっているわけではないのです。教師も自由で、どこで何をしてもよいのです。教師は、自分のいる部屋に何年生のどんな子が来るのかわからないので、何をしたら子供たちが喜んでくれるのか予想もつかず、準備が大変ではありますが、自分自身も楽しみます。児童が研究するのを見て回ったり、相談にのったりすることもあります。

児童の中には、自分の研究を高度なところまで究《きわ》め、例えば中学生レベルや大人レベルのことまで研究していく子や、最初から最後まで何か一つのことに没頭してやりきる子もいたのだそうです。完成したからといって、教師に提出するということもありませんから、自分の中で満足できるところまで、自分のレベルに応じてやっていました。

堀越先生　**「児童には重荷を負わさない。重荷を負わしたら自由研究にならんのよ。自由にさせることで、伸びるんよね。楽しむということは、身体で覚えるということじゃけんね。そういう考え方になかなかなれんのよね、先生方は」**

子供たちは、一日中、やりたいことをやって楽しむのですが、その行動を通して、知らず知らずのうちに、いろいろなことを身につけることができます。時間の制限なしに、好きなだけ没頭できるので、各自の長所を伸ばし個性を磨く上で、たいへん効果があったようです。

西条小学校では、檜高校長の初期の時代には、週に一度「趣味の日」というものがあり、授業後に、好きなことに取り組む時間があったようです。堀越先生の頃になると、まる一日使って徹底的に行う「鐘なし日」に変わりました。

堀越先生　**「一時間や二時間じゃないでしょう？　一日中やって楽しむんじゃけ、そりゃ身につくよね」**

著者　「何をしてもいいというほど自由だったら、何をしたらいいかわからないですねぇ」

堀越先生　「今でいうたら、大人の世界によく似とるかなと思うよ」

著者　「時間が与えられたときに、どれだけ自由な発想でやるか、これは独創教育の一環なのでしょうね。自分で考え出して自分が満足できるまでやるということが、まさに『独創』なのですね」

堀越先生　「与えられたことというのは誰でもできるんよ。自分で考えて自分で行動するということは、この鐘なし日によって培われていくと思うんよ」

著者　「私は慣れていないですねぇ。何をすればいいのやら……。私だったら、お昼寝がしたいような」

堀越先生　「昼寝をしちゃいけんのんじゃけんね。何かせにゃいけんのんじゃけんね。身につくことをね。それを自分で考え出すというのは、簡単なようで簡単でなかった。子供にとってはね。それを指導する先生も、しゃんとしとらにゃできないです。何をしていいのかわからない子を引きつけ、何かさせたり、興味をもたせるというのは、先生にとっては大変じゃったね。それを上手に導いていくのが、先生の非常に大きな仕事じゃったわけよね」

堀越先生　「西条教育の特徴は、そうしたね、他の学校ではできないような理想的な形をやったということじゃろうね」

堀越先生　「例えば、セミとりでも、大切なことなんです。どういうところにセミがおるか、どうやったらとれるか、上からいくのがいいんか、下からいくのがいいんか……。子供は上手にとるようになる。だから、遊びであって、遊びでない。先生方自身がそういう考えにならんにゃいけんわけよ」

著者　「先生自身の考えも変わってくるんですね」

堀越先生　「変わってくるんですねぇ。子供を見ようるとねぇ。自由に選ぶ子供の態度いうのは、非常に尊いんよね」

2　乾布摩擦、冷水摩擦、日光浴

身体と精神を鍛えるために、朝、夏は冷水摩擦、冬は乾布摩擦をします。みんながいっせいに外でやります。冬は、乾いたタオルを使います。夏は、水でぬらしたタオルを絞って身体をこすります。小学校の敷地を出て、東校舎の裏の一段低い所に道があります。そこに小さな小屋があり、ポンプのついた井戸があります。そこで、水を汲《く》んで冷水摩擦をしていました。皮膚を鍛え、風邪も引きにくくなります。

冷水摩擦

また、西条小学校に独特なものとして、日光浴がありました。毎年五月から十月頃まで、天気のよい日には毎日、二時間めと三時間めの間の休憩時間に、男子も女子もみんないっせいに外に出ます。パンツだけで上半身裸で、クラスごとに手をつないで輪になって、日光浴をし、身体を鍛えます。女子はシャツを着てもよかったのだそうです。「太陽と遊べ！」をモットーとし、クラスで輪になって歌をうたったり、ダンスをしたり、運動をしたり、遊びをとり入れて、学級ごとに自由にやっていました。

3　寒稽古

毎年冬の寒い時期、一月中旬から三週間ほど、寒稽古《かんげいこ》が

日光浴

行われます。児童は、毎日三十分間、校庭や近くの御建《みたて》グラウンドや、西条町内を走るのです。午前六時三十分、暗いうちから学校に集まり、寒稽古がすんだら、家に帰って朝食を食べて、再び登校し、その日の授業を受けます。

ぬくぬくとした現代の生活と比べると、当時はかなり鍛えられていたようです。児童はみんな健康で、風邪を引いたり、病気になる子も少なかったようです。

4　五校連盟と優雅な体操服

当時は、西条小学校の近隣に小学校が四校あり、それらの学校と連携して、「五校連盟」をつくりました。西条小学校、寺西小学校、吉土実小学校、御薗宇小学校、下見小学校です。五校が一緒になって、体育大会や研究会など、いろいろな行事を行い、和気あいあいと交流し、そしてお互いに切磋琢磨していくのです。研究会などは、学校が持ち回りで開催し、共同で研究を進めていきました。授業を見学したり、批評したり、討論したり、研究をしたり、その学校の趣旨にしたがって、教員が全員集まって勉強していました。最初は五校だったのが、だんだんと増えていき、のちには十八校連盟にまで発展します。各学校にはそれぞれの特色がありましたが、西条小学校が中心となり、西条教育を模範にしていたようです。

初めのほうにも書きましたが、現在の西条小学校は、当時の旧西条小学校、吉土実小学校、御薗宇小学校、下見小学校が統合したものです。五校連盟で親交を深めていたという歴史があるので、まとまりやすかったのかもしれません。

堀越先生　**「学校というのはいいところで、教員の異動があるじゃないですか。異動したら、西条小学校で学んだことをそこの学校で出していきますからね。まあ、そういう五校連盟とかいうようなことも全部、檜高校長さんが考えられてね、近隣の人を伸ばしていかれたんですね」**

毎年五月五日、御建神社の横の御建グラウンド（当時は「馬場《ばば》」と呼んでいました）で、五校連盟の小学校対抗の競技会である「五校連盟体育大会」が開かれます。学校対抗のリレーなどに、走るのが速い児童が学校の代表として出場します。西条小学校は成績がよかったのだそうです。その他にも、いろいろな競技があり、学校ごとに踊りなどの遊戯も披露します。

体操服は、男子は、白いシャツに白いパンツの、よくある体操服です。女子の体操服は、他の小学校は、白いブラウスに紺色のブルーマー。ところが、西条小学校だけは違っていました。

なんと、西条小学校の女子の体操服は、白いドレスだったのです！

上は丸い襟《えり》のついた白い半そで。グリーンのちょうちょ結びのリボンが前についています。下は白いプリーツスカート。腰には、五ミリメートル幅の碁盤の目の柄の、バックルがついたバンドを締めています。上下とも真っ白なドレスのような優雅な体操服なのです。動きにくいということはありません。

中原さん　「走っているときには、速いと目立つ。遅いと……目立つんです。ビリだったら、すぐわかるんです。体操服が違うから」

いいような、悪いような……。

ふだんの体育の授業も、その服装で行っていました。

体操服の常識を覆すような独特の体操服……。まさに「独創」です。

著者　「誰が考えられたんですかね？」

優雅な体操服の女子児童たち

中原さん　**「檜高校長が考えちゃったんじゃないんですか。かわいらしく」**

檜高校長は、こんなところにまで、独創性を発揮したのでしょうか。常識にとらわれない、柔軟な発想力ですね。

著者　**「（夢見心地で）くるっと回ったりしたら、ふわっという感じになるんですかね」**

夢のある体操服。こんな体操服だったら、私ももっと運動が好きになっていたかもしれません。残念……。

第十一章　西条教育の精神

1　生き続ける校訓

まじめで働きあるえらい日本人になります。
何事も自ら進んで、正しく、強く、優しく、永くやります。

みんなによく見えるように、講堂の正面に、西条小学校の校訓が掲げてありました。児童が集まったときには、みんなで唱和することもあります。

各学級では、担任教師が、ひと月に一度は校訓の意味を説明します。児童は起立して、「まじめで働きある……」と、全員で校訓を唱えていました。

「私たちは正しいことをしなければいけない。何でも正しいことをしようと思ったら、強い人間でなければ続けられない。だが、強さをもちつつも、優しさもなければならない。そして、そういうことを永く続けられるのが立派な人間である」などと、児童は児童なりに理解し、校訓に親しんでいました。

Jさん　**「自然にみな入ってしまって。自分なりに解釈したり、先生からお話を聞いたり**

……」

著者　「大人になってからも、生活の中で、校訓を思い出したりされるようなことがありましたか」

Jさん　「そりゃあ、思い出します。今でも時々。この年になっても、昔はああじゃったよのうと。昔のことを思い出すときに、やっぱり出てきますよ」

著者　「何かあったら、正しくしないといけないとか、優しくしないといけないとか思われますか」

Jさん　「そうそう。そういうことをするためには、強くなけらにゃいけんと、ね」

どの卒業生も校訓をよく覚えておられるのには、驚きました。子供の頃にしっかりと身についた校訓は、七十年以上たっても、心の中に生き続けているものなのですね。

人生の試練に立ち向かうとき、生き方に迷ったとき、この校訓は卒業生たちの人生の舵《かじ》取りをしてくれる大きな存在となったのです。

2　東郷平八郎元帥

西条小学校の講堂の正面の右上に「獨創《どくそう》」という扁額《へんがく》（横に長い額）が掲げられています。

2ページの写真をご覧ください。

これは、かの有名な東郷《とうごう》平八郎元帥《げんすい》〈弘化四（一八四八）年―昭和九（一九三四）年〉が書かれたものです。東郷平八郎元帥は、明治時代の日露戦争において、日本海軍の指揮官として連合艦隊を率い、日本海海戦で、「独創的な戦法」によりロシア帝国海軍バルチック艦隊を破り、日本を勝利に導きました。

檜高校長は、この書がとても自慢だったようです。講堂に集まったとき、「独創」というのはどういう意味で、誰が書いて、どうなったという、この書にまつわる話を、児童はよく聞かされたものです。

檜高校長は、「為書き」があることをたいそう喜んでいました。為書きというのは、書に、誰のために書いたのかを書き添えたものです。「為西條小学校」となっていて、普通は「為」という字は書かないのだ、これは西条小学校のために書いてくださったという意味なのだと、児童は教えてもらいました。

大正十四（一九二五）年、西条町で呉服雑貨店を営む渡部《わたべ》和吉《わきち》さんは、東京の日本橋で輪島塗を扱う店を経営していた兄が急に亡くなったため、自分の店は妻子に任せ、その店を継ぐことになりました。

輪島塗は高級品であり、海軍省とも取引があります。渡部和吉さんがその関係者と世間話をしている折に、全国的に有名な地元の西条小学校の独創教育に話題が及びました。

届いたばかりの「獨創」の書の前に正装して並ぶ（左から檜高憲三校長、土肥岸太郎西条町長、渡部和吉氏）（渡部和雄様写真提供）

渡部和吉さんは、長年、西条町の町会議員、町会議長を務め、西条の町のために何かしたいといつも思っておられました。地元の土肥岸太郎西条町長や檜高校長に相談し、東郷平八郎元帥に「獨創」の揮《き》毫《ごう》（毛筆で言葉を書くこと）を依頼することにしました。東郷平八郎元帥は、西条小学校の「独創教育」にたいへん共鳴され、快く揮毫を引き受けてくださいました。

この書は、昭和六（一九三一）年、東郷平八郎元帥が晩年に書かれたものです。

愛する郷土、西条町のために大きな貢献をしてくださった渡部和吉さんには、感謝の思いでいっぱいになります。

東郷平八郎元帥がどういう思いでこの書を書かれたのか、檜高憲三校長がどういう思いでこの書を見ていたのか、そのことを考えると、胸が熱くなります。きっと檜高校長は、強い応援者を得たような心強い気持ちになったことでしょう。この書を見るたびに、「独創」にこめられた本当の深い意味を考えさせられます。

3　児童にとっては、いつも本番

63ページの体操の写真を見てもおわかりのように、児童は、縦横ぴったり揃えて、一糸乱れずきれいに整列し、指の先まで意識を集中させ、手をピンと伸ばして体操していることがわかります。

堀越先生　「常に最高を求めて教えようるんよ。教育は事上練磨だから、いっぺんにできるものは一つもないんじゃけん。全部、訓練に訓練を重ねてできあがる。積み重ねじゃけんね」

堀越先生　「前にも話したように、いっつも参観者がおってじゃろう。全国から毎日来よってんよ。だからね、毎回ぴしゃっとやらにゃあいけんわけよ。先生もね。いい加減に

やって、今度直しちゃろうかというんでなくて、その都度その都度、最高を求めてやっていかにゃあ、できんわけよ」

教師にとってだけでなく、児童にとっても、いつも本番なのです。教師も、児童のおかしいところを見つけたら、その場ですぐに直してやらなければなりません。それを毎回積み重ねていくことで、特別に時間をとったり、力を入れたりしなくても、自然にできるようになるのです。

堀越先生　**「芝居的なことは全然できない。一分一秒を大切に積みあげていくしかなかったね、生きる道は。それで身につくんよね」**

児童の立場では、どうだったのでしょう?

著者　「子供のほうからすれば、ずっと見られているような感じですよね」

中原さん　**「そんな感じもなかったですけど」**

児童は、後ろを見たり、よそ見をすることはないので、人目はあまり気にしていなかったのかもしれませんね。

中原さん「私たちはいつも厳しく鍛えられていたから。厳しかったからといって、苦にしたこともないし、ちゃんとやるのが当たり前だと思っていました」

4　西条小学校で育った子供

西条小学校の出身者には、大成された方が多いと聞きます。子供の頃、西条小学校で受けた教育が、大きな力になっているのかもしれません。

堀越先生「卒業生はみんな、それぞれの立場で立派にやってくれとる。それぞれが立派に生きていっとる」

堀越先生「太っ腹の子供ができるね。物に動じない。そういう子供ができる。自分ですべて物事を考える癖をつけるから。教えてもらうんじゃなくて、自分で考える。そういう手だてを徹底してやるんだから」

卒業生たちは、勉強だけでなく、さまざまな方面で個性を伸ばし、信念をもって、それぞれの道で頑張っておられます。

それが独創教育のいいところだと堀越先生はおっしゃいます。教師から教えられたことをそのまま習うのではなく、子供自身に考えてやらせる教育をしてきたので、きっと独創性が育ったのでしょう。

堀越先生　**「身についとるんじゃろうと思うよ。身体の中へね。そういう考え方というか、生き方というものが……」**

著者　**「日頃の教育でずっと培ってきたものが、芽を出して、花を咲かせたような感じなんですね」**

堀越先生　**「教育というのはね、一分一分、一秒一秒、ずーっと生きとる。それの積み重ねじゃけんね。部分的によかったというんじゃなくて、西条教育は一貫しとるんじゃけ。ゆるめることなくね。それが子供の身体にしみついとるんじゃと思うよ。それが教育よね」**

著者　「西条教育を受けられて、卒業生としては、どうですか」

Jさん　**「誇りに思うとりますよ。人とのつきあいなど、おかげで先輩にも、ようかわいがってもろうとるしね。檜高校長の教えだったんじゃないんですかね」**

西条小学校では、先輩は、後輩を大切にし、面倒をみなければならないと教えていました。地元に「西条青年団」という団体がありました。西条小学校を出た卒業生がその青年団に入り、青年の教育を受けます。だいたい二十五、六歳までの人が所属していました。

青年たちは、西条小学校とも関わり、子供たちの世話をいろいろやります。また、一週間に一度当番がまわってきて、西条町の夜警をし、町民に戸締まりを呼びかけたりもします。西条小学校を卒業しても、西条の町のために進んで奉仕するという伝統が、先輩たちから、ずっと受け継がれていました。

著者　「当時は、人と人とのつながりが密な感じがします。昔はみんなが一つになっていたのでしょう。昔は、何もないところからの出発で、自分たちの手で町をつくろうとする気持ちが強かったのかもしれませんね」

檜高憲三は、校長になったとき、西条の町をよくするためには、将来の担い手である子供たちを立派に育てなければならないと思いました。それが、だんだんと実ってきていたのですね。

第十二章　さまざまな行事

1　子供デー

毎年十一月十一日には、子供デーが開かれます。学芸会のようなもので、講堂で劇などをします。

お昼時間にはバザーがあり、ぜんざい、うどん、いなりずしを食べることができます。パンがあった年もありました。保護者会がバザーの準備をします。運動場にテント、椅子や机を出して、そこで食事をします。引換券は前もって親が買っています。

当日、児童は券と引き換えに、うどんなどを手渡されます。早く食べたいと思いながら、わくわくして、どんぶりを机まで運ぶのですが、途中でひっくり返して泣く子もいたり……。

東校舎と中校舎の間の運動場に、相撲ができる土俵があります。土を高く盛って、綱で丸く囲んだ土俵です。男子児童がよくそこで相撲をとっていました。その土俵で、ぜんざいのお餅を焼きます。保護者が炭を置いて、大きな網を用意し、その上で児童がお餅を焼いていました。

子供デーのための練習は、一か月ぐらい前から始まります。授業数は半分になり、児童は机を後ろに寄せて広場を作り、そこで練習をしていました。

中原さん　「西条小学校はね、みんなが出る。ひと言でも、歌をうたうだけでも、みんなが出演するんです。級長でも四人ずつ、みんながなるように、平等に何でもみんながやるという教えだったのかもしれませんね」

中原さんが小学一年生のときは、当時人気のあった漫画『のらくろ上等兵』をちょっとアレンジしたような劇をやりました。歌のうまい男の子が主役でうたったのだそうです。五年生のときは、『大国主命《おおくにぬしのみこと》』をやりました。お母さんの白い割烹《かっぽう》前かけを利用して、そでにゴムを結《ゆ》わえつけ、衣装を作りました。

もちろん主役はいますが、みんなで歌をうたったり、踊ったり……。とにかくみんながやるという主義だったのです。保護者が見に来て、「うちの子全然出なかった」と、がっかりする

ようなことはありません。

子供デーは、まさに、子供が主役になる、子供のための日でした。貧しい時代に、ごちそうが食べられるとても楽しい一日でもありました。子供たちは、嬉しくてたまらない様子でした。

Nさん（元児童）「この近くじゃあ、ああようなことをしよったところはなかったでしょう。檜高校長の独創的な考えじゃったんかもわからんが」

2　参観日

内藤さんのお母さんには、子供が六人います。常に子供が二人ぐらいずつ、西条小学校に在籍していました。「勉強しなさい」と言うことはなかったけれど、たいへん教育熱心だったのでしょう。毎日、我が子の教室に授業を見に行っていました。

最初は教室の外から見ていたのですが、そのうち担任の先生がそれに気づき、「どうぞ、どうぞ」と言って、中に入れてくださるようになりました。そして、最後には、椅子まで持ってきてくださったようです。

初めは、見学するお母さんは内藤さんのお母さん一人だけだったのですが、だんだんと人数が増えていきました。他のお母さん方も、負けちゃあいられないと思ったのでしょうか。内藤さんを見て、「お母さんがあんなに熱心だから、子供も勉強ができるのでは?」と思ったのかもしれません。

他の学校の先生方も参観に来ておられましたが、母親もだんだんと増えてきました。それをヒントに、檜高校長は「参観日」を思いつきました。学校の行事として、参観日を毎月十六日頃、定期的に実施することにしました。保護者は、他の用事は別の日にまわし、できるだけ休まず出席するようにしていました。

当時は、一家に子供が五、六人いても珍しくない時代で、そのうちの三、四人は同時に西条小学校に在籍していました。子供が一人や二人だったら、一つか二つの教室で集中して授業を参観することができるのですが、子供がたくさんいるお母さんは、短い時間に我が子の教室をあちこち回らなければならず、大変だったようです。

教師は、保護者とはかなり話をしていました。堀越先生は、今でも児童の名前を聞いただけで、お父さんやお母さんの顔を思い出されるほどだそうです。参観日だけでなく、いろいろな機会に、保護者に会っては話をしていました。保護者も教師を信頼し、学校に対して、とても親しみをもっていました。

3　児童展覧会

校務室の壁に、書と図画の立派な作品がかかっています。

Jさんは用事があって、校務室に入るとき、いつも誇らしい気持ちになりました。

「あれが兄貴の描いた絵か……」

Jさんのお兄さんは、西条小学校卒業後戦死されたのですが、子供の頃は、図画がたいへん上手でした。Jさんは、お兄さんの描いた絵が校務室にかかっているのがとても嬉しかったのだそうです。

校務室の隣の部屋にも、児童の優秀な図画や書き方（書道）の作品を二、三点ずつ展示していました。

ある時などは、校外で、日本とドイツとイタリアが結んだ日独伊三国同盟を記念した全国規模の子供の展覧会が開催されたことがありました。それに応募したNさんの描いた大きな絵が入選し、大きな賞状をもらいました。

西条小学校内でも、児童の努力を評価し、作品を披露する機会がたくさんありました。

西条小学校では、学級単位で、展覧会が開かれます。担任教師が賞を作り、児童の作品や、算術（算数）・綴《つづ》り方（作文）・読み方（国語）の学習帳（ノート）などに、一等（金賞）・二等（銀賞）・三等（銅賞）・四等を表す金色・銀色・赤色・緑色の切手ぐらいの大きさの紙をはります。教室の壁には、図画や書き方などの作品をはったり、模範となる学習帳を教室の後方に展示したりします。

学校単位で開催されるものには、三種類の「児童展覧会」があります。

まずは、毎週金曜日に開かれる表現会のときに、その日に発表することになっている学級の児童の作品や学習帳を朝会場に展示し、全校の児童が見るというものです。

もう一つは、毎年十二月に開かれる展覧会です。ここでは、全校児童の作品、学習帳、研究物、学用品などや、学級の共同作品を、保護者など一般に公開します。

そして、毎年三月の卒業時に開かれる展覧会です。卒業児童の入学以来の作品、教科書やかばん、学用品などを展示し、全校児童や保護者などに公開するものです。これによって、卒業児童は、自分自身のこれまでの歩みをふり返り、自己の成長を再認識することができるようになります。

児童展覧会には、教育上、二つの大きな効果がありました。

一つめは、「ならう」ということです。展示された優秀作品をよい手本として、自分自身も伸びていくことができるようになります。

二つめは、「意欲をもち、自信をもつようになる」ということです。児童の中で「もっとよいものを」という意欲がわき、自分の作品が評価されることで、自信が生まれるのです。

勉強以外にも、一人ひとりの子供が主役になれる場面をできるだけ多くつくることで、子供の才能を伸ばしていきました。先生からほめられたことや表彰されたことは、何十年たっても、大きな自信につながっているようです。

4　ラジオ体操

夏休みには、児童は毎朝学校に集まり、それから班に分かれ、ほうきを持って町のラジオ体操会場へ向かいます。向かった先で目にしたもの。それは、ちょっと考えられないような光景でした。何百人もの人々が西条町内の道路のこちら側と向こう側の道端にずらーっと一列に並んでいるのです。当時は今のように自動車はあまり走っておらず、自転車が時々通るぐらいでした。住んでいる地区ごとに体操をする場所が決まっています。そして、自分が立つ位置もだいたい決まっています。家のラジオを大きな音にして、それに合わせて、みんながいっせいにラジオ体操をするのです。たいへん面白い光景です。

もし私がそんな中を早朝に歩行者として道を歩くことになったとしたら、なんだか歩きにくいような、気恥ずかしいような……。また、自分は小学校とは関係ないからといって、寝ていようと思っても、ラジオの音が大きいし、みんなが出てやっているので、寝てはいられません。

児童の家族や町民など、大人も参加します。出席したら判を押してもらいます。そして、最後に、自分が体操したところの近くをほうきで掃いて帰ります。

このラジオ体操は有名でした。これは恒例行事として長く続きました。

Jさん　「あの頃はみな熱心でした。先生が熱心でしたからね」

5　運動会

毎年十月には、運動会が行われ、保護者が見に来ます。

競技をやるのは運動場ですが、校舎が児童の観覧席で、児童は校舎の中から見ていました。

当時は、よその学校では、お昼休憩をはさんで、午前と午後に競技をします。お昼は、お弁当を持っていって食べていました。

ところが、実際は、お弁当もなかなか持っていけないような時代だったのです。

中原さん　「食糧難のときに、お弁当を持っていくといってもねぇ。私らは非農家だったから、おかゆを食べていたから。あれで今までよう生きてこられたと思いますねぇ」

お弁当を持ってくることにしたら、保護者に迷惑をかけることになりますし、家庭によっては巻きずしを持ってくるような裕福な子もいるかもしれません。子供に差がついてはいけないということで、昼食は、各自が家でとってくることになりました。

Nさん　「あれは檜高校長の発案でね。運動会は半日ですまそうということになったんです。進歩的なところがあったですね、檜高校長は」

運動会の準備は、当日の朝急いで行い、児童は早めに昼食をとり、再び学校に集まります。運動会は、昼前頃から開始されました。徒競争、リレー、学年ごとに行う集団の競技などがあります。

校長や保護者が三十人ぐらい座っているテントがありました。高等科二年生だったJさんは、檜高校長から「私のそばにいて、お茶のサービスや走り使いをしなさい」と言われました。Jさんは、檜高校長の後ろに座って、ずっと待機していました。「あの先生に伝えるよう

児童と走る檜高校長

組体操

に」と校長から伝言を頼まれたら、走っていって、その先生に校長の伝言を伝えました。

Jさん　「いやぁー、大変でしたよ。そりゃ、畏《おそ》れ多い存在ですからね。校長先生いうたら、大変なもんですわ」

児童から見た檜高校長は、とても威厳があったようです。

児童は、四十数個のプログラムをそつなくこなし、運動会は午後三時半には終了しました。後始末も敏速で、終了後約一時間ですべてを終えていました。

西条小学校では、徹底的に無駄を排し、時間の使い方も非常に上手だったようです。それだけ、児童の行動にも無駄がなく、日頃からよく訓練されていたのでしょう。

6　修学旅行

小学六年生になると、修学旅行があります。

Nさん　**「あの頃の時代（昭和十一年頃）に、子供を連れて小学校の修学旅行に行ったということは、檜高校長がよっぽどの切れ者じゃったということじゃろうねぇ。ああいう修学旅行は、よその学校にはなかったろう。檜高校長が始めたぐらいのことぞ。広島のほうから、京都やら伊勢のほうまで、小学校の六年生を修学旅行へ連れていくというのは、ちょっとできんもんのう。檜高校長が考えられたことじゃろうが、しかし、ようやったもんじゃあるよのう。そりゃ、なかなか大したもんよ」**

当時としては、まだ珍しかった修学旅行。子供たちは、期待に胸をはずませ、その日が来るのを指折り数えて楽しみにしています。

しかし、思わぬ問題が生じました。当然全員が参加するものと思っていたのに、「行かない」という子供たちが出てきたのです。

担任の先生は事情をききました。

当時は貧しい時代ですから、ふだんは、兄弟や親戚、知人からのお下がりの、破れたようなボロボロの制服を着ている子が多かったようです。でも、親たちは、修学旅行ぐらいは良い服を着せてやりたいと考え、その日のために、わざわざ新しい制服を用意してやっていました。

しかし、やはり、中には、きれいな制服を着られない子もいるのです。親は、「着ていくものがないから、辛抱せえ。修学旅行には行くな」と言いました。子供はせっかく楽しみにしていた修学旅行なのに、行ってはいけないと止められ、情けない気持ちになりました。子供は、担任の先生に、正直に打ち明けました。

数日後、その子が「これは、校長先生に買ってもらった服じゃ。僕も、修学旅行に行けることになった」と嬉しそうに言うのです。

実は、事情を担任の先生から聞いた檜高校長は、その子に新しい服を買ってやり、「修学旅行には、これを着ていきなさい」と言ったのでした。

また、担任の先生が、自分のお金で、ある子供に新しい制服を買ってやったこともありました。そんなふうにして、なんとか児童はみんな修学旅行に参加できることになったのです。

いよいよ、待ちに待った修学旅行の日がやってきました。西条駅から、臨時列車で出発です。児童はみんな、板ぎれを持っていって、前の席と自分の席に板を並べてつなぎ、「お座敷」

を作ります。そこで足を伸ばしたり、寝たりしていました。昔の人には「知恵」がありました。

修学旅行は、伊勢と京都に泊まります。今のように新幹線ですぐというわけにはいきませんので、移動だけでもほとんど一日がかりだったのではないかと思います。強行軍です。

今回の修学旅行は、三重県にある伊勢神宮にお参りするのが主な目的です。伊勢神宮の近くを流れている五十鈴川《いすずがわ》で、手を清めました。大阪城では、子供たちは巨石にびっくりしました。京都は本願寺に行きました。

子供たちが最も解放感を味わったのは、京都の丸物《まるぶつ》百貨店でした。百貨店のエレベーターやエスカレーターに、子供たちは目を丸くしました。西条の子供たちは今までそのようなものを見たことがありません。珍しいやら嬉しいやら、何度も何度もエスカレーターで上がったり下りたり、ぐるぐるぐるぐる回って、楽しみました。

実は、この修学旅行に、児童はみんなお小遣いを持ってきていました。二円です。

一円は一〇〇銭ですが、ふだんのお小遣いは一銭や二銭。その一銭や二銭でお饅頭《まんじゅう》やお煎餅《せんべい》を買うのですから、二円は子供たちにとっては大金です。家族のみんなは、行ったこともないような土地で、子供がどんなお土産を買ってくるのかとても楽しみにしています。帰りを待つ家族のために、子供たちはそれぞれ思い思いのお土産を買います。

丸物百貨店には、西条では見たことのないようなものが並んでいます。当時としては珍しい大きなアイスケーキが、ある児童の目にとまりました。あまりにおいしそうなので、持っていた二円のお小遣いを思い切って使いました。アイスケーキですから、持って帰るわけにはいきませんから、早速そこで食べることにしました。同級生たちは、「それどしたの?」と尋ねました。「二円で買ったんじゃ」「えっ、二円の小遣いをみなそれに使ったんか?」児童はおいしそうに食べながら、「うん」とうなずきました。「なにしょうるの」と、同級生たちはあきれました。子供によって、使い方はさまざまです。

その晩、京都の宿で、児童は担任の先生から一人ずつ呼ばれます。先生は、「小遣いをなんぼ(いくら)使ったか」「なんぼ持ってきたか」と調べ、記入していきます。

お小遣いは二円と決まっていました。ところが、中には、親は親で買ってきてほしいものがあり、少し多めにお金を持たせている家庭もありました。いくらと言おうか、焦った子もいたようです。見るからに二円以上の買い物をしていたら怪しまれ、「おまえ、よけい(たくさん)持ってきたじゃろう」と怒られました。

今日では当たり前の修学旅行ですが、当時の子供たちにとっては、非常に珍しい体験となりました。檜高校長は、井の中の蛙《かわず》ではなく、もっと広い世界を子供たちに見せたかったのでしょう。

7　左義長祭

左義長《さぎちょう》とは「とんど」のことです。日本各地には、いろいろな呼び名や意味があるようですが、小正月《こ》である一月十五日頃に行われる火祭りです。

この辺りの田舎でも、一月十五日頃にとんどを行います。五穀豊穣、無病息災などを歳神様《としがみ》に祈ります。西条小学校でも、学校行事として行っていました。

西条小学校の近くにある御建グラウンドの真ん中に、笹のついた竹を組み、やぐらを作ります。児童は書き初《ぞ》めで書いたものを持ってきて、やぐらにくくりつけ、火をつけます。炎が燃えると、書き初めの半紙が上昇気流にのって、上がっていきます。高く飛んだら、字がきれいになるという言い伝えがあり、子供たちは、自分の書いたものがどうなるのか一心に見つめていました。拝む気持ちで見ています。自分の書いたものが高く上がると、「やったー」と喜びます。しかし、中には、飛ばずに下に落ちると、字が下手になると思って泣く子もいました。それぐらい子供は信じており、真剣勝負だったのだそうです。

また、とんどの火にあたると、一年中風邪を引かず、元気に過ごせるともいわれていました。

昔は、一月二日には、家で書き初めをしていました。硯《すずり》も筆もきれいに洗い、井戸から新しい水を汲《く》んできて、墨をするところから始めます。昔の書き初めは、一種神がかり的なもの、宗教的なものであり、一枚の半紙にも、「字がきれいになりますように」「元気に過ごせますように」との祈りがこめられていました。

堀越先生　**「これは真剣じゃったね。失敗したら書きかえるんじゃなくて、初めて書くのが書き初めじゃけんね。初めの一枚。まことに緊張した気持ちでね。きれいな気持ちで。集中して書いたわ。一枚だけ。一枚に真剣に書いた。一枚めが勝負」**

著者　「昔の人は、何事にも純粋で、真面目《まじめ》な考えで真剣に取り組んでおられたのですね」

堀越先生　**「そうですよ。一途《いちず》に考えるけんね」**

著者　「書き初めをすると、身を清められるような感じになるのでしょうね」

堀越先生　**「確かに。清らかになるね。やってごらん」**

著者　「寝正月をしている場合じゃないですね。だから、先生は字がお上手なんですね」

現代の日本人がだんだんと忘れつつあるもの。

昔から受け継がれてきた伝統行事が、私たちに「日本人の心」を思い出させてくれます。いつまでも大切にしていきたいですね。

第十三章　西条小学校の教師たち

1　一人に一冊本を贈る

堀越先生が師範学校の専攻科で一年間勉強されたときには、読書三昧《ざんまい》の生活を送っておられたそうです。西条小学校の採用が決まり、初めて檜高校長に会ったとき、「本を読むことだけは続けなさい」と校長から言われました。堀越先生は、その言葉をいつも思い出し、できるだけ本を読むようにしておられました。

一年に一回、檜高校長が一人ひとりの教員に本を渡します。クラスの担任だけでなく、担任を持っていない人にも渡します。保健室の先生、事務の先生にまでも。一人ひとりがもらう本はどれもみな違っていました。同じ本は一冊もありません。校長は、ちょうどその人に合うような本を、一人ひとりに選んで買っていたのです。かなり分厚い、ためになる教育書でした。

教員たちは、校長先生が自分のために見つけてくださった本だといって感謝し、真剣に読みます。校長は、一人ひとりの顔を思い浮かべながら、本を選んだのでしょう。それを見つけること自体、大変なことです。

堀越先生　「一人ひとりに合わせてね、意欲をもたせるような本を次から次へと考えてんじゃけんね。ありがたいことよ」

檜高校長は、「大切な箇所には線を引きなさい。私には全体を読む時間はないから、みなさんが線を引いたところだけを読みます。そこが私にとっても身になるのですから」と言いました。後から校長に線を引いた部分を読んでもらうので、みんなは一生懸命に読みます。

堀越先生　「真剣に読むじゃない、それぞれの人がね。しかもラインを引くんだからね。校長さんの目の前で読みようるようなもんじゃったよ。校長さんには、そういう偉さがあるんじゃない？　普通の人ならね、一冊買って回覧させるじゃない。そうでなくて、一人ひとりにくださりよった。なかなかできんわ。いいアイデアじゃ思うよ」

そのような読み方をするので、身になります。

読み終わったら、線を引いた箇所について、校長から質問があります。校長は、そのように教員に対し個別の指導をしていました。

堀越先生　「読書欲をなくしちゃいけんという思いが、校長さんにはあったんだと思うよ。日

常の生活に追われて、本を読まんじゃない。それじゃ困るでしょ。校長さんに初めて会ったときに、読書の習慣はなくすなよと、一番初めに言うちゃったけんね。本だけはしっかり読めと言ってね。でも、忙しゅうて読めるもんじゃないんよ。いろいろ事務もあったりね。教材研究もあったりするんだからね。それでも読まにゃいけん。それから、先生方がいろいろ討論する中でね、昔の偉い人の本の内容がよく出てくるわけよ。知らんにゃ恥ずかしいようなよ。だから、みんな、よう読みよったよ」

堀越先生「私もそれをまねてやったよ。校長になったときに。いいところは習わにゃいけんのよ。檜高校長さんは、いちいち口では言ってんないけどね、行動でみな教えてもろうとるからね。アイデアが浮かんだら、すぐ実行に移してんよ。それをまねて、私もそうやってきた。誰かにいつかヒントをもらっとらんにゃあできん」

2　童心にかえって

午前中には四校時ほど授業があるのですが、その授業の間ごとに十分間の休憩があります。子供たちは、その休憩が楽しみでなりませんでした。最近の教師は、忙しくてなかなか一緒に遊ぶことができないとよくいわれますが、当時の西条小学校は違っていました。堀越先生は、子供以上に十分間の遊び時間が好きだったとおっしゃいます。先生は、児童の下駄箱のところに自分の靴を置いておいて、授業終了の鐘が鳴ったら、すぐに授業をやめて、童心にかえって子供と一緒に遊んでいました。

昔の教え子に会っても、いまだに、昔先生と一緒に遊んだことをよく覚えてくれているのだそうです。教師と生徒としてではなく、人間的なつきあい、人間対人間としてのつきあいでした。堀越先生は純粋で、子供の心をよくつかんでおられたのでしょう。

堀越先生　「楽しいんよ。子供と遊ぶのはね。鬼ごっこをしたり、いろんなことをしてね。まったく子供になって遊びよったわけよ。それが一番子供の印象に残っとるね。まぁ、私も、特別な先生じゃったんじゃろうね。子供と一緒じゃったんよね」

3　七通りの学習指導案

現在、県立広島大学の非常勤講師をしておられる平賀正幸先生が、あるとき、私にこんなお話をしてくださいました。

平賀先生が、昔、中学校に勤務しておられたとき、T先生が校長をしておられました。

ある日、国語の研究授業に向けて準備をする平賀先生に、校長のT先生は、次のようにおっしゃいました。

「七通りの学習指導案を書いてきなさい」

「えっ、七通りもですか！」

最初は、耳を疑いましたが、平賀先生は一生懸命に知恵を絞って考えました。

五通りまでは難なくできあがりましたが、そこから先が出てきません。T先生は、なんのためにこんな難題を私にもちかけられるのか……。

T先生の意図がよくわからないまま、それでも平賀先生はT先生が言われたことに応えようと悩みぬきます。

数日間苦しんだ末に、六通りめ、七通りめが、ついにひらめきました！

これらは、今までまだ一度も試したことのない授業のやり方でした。

T先生は、「よくやった」とほめてくださいました。

平賀先生が悩みぬいた末にやっと見つけた音読・朗読という指導法。それは、その後、教育委員会指導主事となったときの指導に生かされ、二つの公開研究校で実を結びます。それは、東京の小学校の先生が、我が校にもぜひ採用させてほしいと言われるほどのものでした。

このT先生、実は、その昔西条小学校の訓導で、檜高校長のもとで指導を受けておられたのです！

T先生が訓導だったとき、檜高校長はT訓導に、同じように、「七通りの学習指導案を書いてきなさい」と言いました。T訓導もずいぶん悩みました。平賀先生とまったく同じように、五通りめまではスラスラとできるのですが、そこから先が何も思い浮かばないのです。六通りめ、七通りめは、苦肉の策でした。

T訓導が指導案を檜高校長に提出すると、檜高校長は「よくできた」とほめてくださいました。

「本当にこんなものでよかったのだろうかと、ちょっと恥ずかしく思った」と、T先生は、当時のことを懐かしそうに平賀先生に話してくださったということです。

一つの題材であっても、さまざまな角度から見ることで、指導案もまったく異なったものになります。七通りも考えることで、今までの自分の決まりきった視点をここで大きく変えることができるのです。平賀先生も、これまで考えたこともなかったような大きな発見をされました。

前述の千葉命吉の理論にもあるように、自ら「利」や「真」を求めて努力し、新たに創り出すこと。これこそが「独創」だといえるのではないでしょうか。

檜高校長は、教員たちに、さまざまな視点や、ものの見方を与えるように指導していました。教員たちは、檜高校長の言葉をヒントに、自分自身で何かをつかみ、自分自身で伸びていきました。

檜高校長からT訓導へ、T訓導から平賀先生へ、平賀先生から学生さんたちへと、「独創教育」は、今もなお、脈々と受け継がれています。

前列中央が檜高校長、その左斜め後ろが井上教頭

4　井上教頭

檜高校長は、西条小学校の教員として、各師範学校の本科や専攻科で一番の生徒、優秀な人材を集めていました。井上節夫《せつお》教頭も、校長が見つけてきた、その一人でした。

堀越先生　**「西条教育が一番華やかなときの教頭。校長さんと二人で西条教育を築いた。校長さんと一体になって」**

堀越先生　**「ふくよかな人。体格はいい人。井上さんがよその小学校の校長になって出られたとき、入れ替わりで、私は西条小学校に入っ**

た。ですが、入る前にも西条小学校を訪れたことはあるし、井上先生のことはよう知っとる。私が前に勤めていた学校の教頭さんが、井上さんのことを話してくれたこともある。人間性とか、人格というのは、よう知っとる」

石井さん（元児童）「井上先生が一番右腕だったんですがね。まあ、檜高先生に一番よく似ていたのは、井上先生かもしれませんね」

堀越先生「檜高校長と井上教頭は、またとない一体的な人じゃったわけよ。まことに腹が一つじゃった。まったく同じ考えじゃった。二人で築いたといっても、言い過ぎではない。うまが合っとりましたね。二人は、多くを言わなくても、心が通じる仲だった。考えてものを言わんでも、通じ合っとったわけよ」

檜高校長は、井上教頭と力を合わせ、二人で西条教育を築き上げていきました。校長と教頭は、西条小学校をこれからどのような学校にしていくか、夜遅くまで議論し合っていたそうです。

5　わからないときは、ききなさい

ある日、このたび新しく採用になる青年が、初めて西条小学校にやってきました。これから校長との面接があるのです。

当時は校長室というものはなく、校務室に、校長も、教頭も、他の教員たちもみんな机を並べていました。その青年は、校務室に通され、先生方に挨拶をします。そして、井上教頭のほうを向いて話をしていました。

その横で見ていた檜高校長は、その青年に、「あなたは誰と話をしているのか」とききました。青年は、すかさず「校長先生です！」と答えました。「誰が校長じゃ思うとるんか。校長は、このわしで」と、檜高校長。

青年は、井上教頭を指しながら、「すみません。この方が校長だとばかり思っておりました」と、慌てて頭を下げます。その青年は、恰幅《かっぷく》のよい井上教頭のほうが校長なのだとすっかり思い込んでいて、受け答えをしていたのです。

青年は、「よくわからなかったものですから……」と言いました。檜高校長は、「わからないのに、知ったかぶりをしてはいけない。わからないときは、ききなさい」と言いました。

わからないのに、知ったかぶりをしていたら、あとで大変な失敗に発展することがあります。まさに「聞くは一時の恥、聞かぬは一生の恥」なのです。檜高校長は、この青年に、きくことは何も恥ずかしいことではない、何でも素直に、わからないことはわからないと言うことの大切さを教えたかったのです。

6　一刻も早く帰りなさい

堀越先生　「大変よ、そりゃあ。夜も寝られなんだこともある。準備するために、徹夜でやったこともある」

自宅が近くにあっても、教員はみんな学校のすぐ近くに下宿していました。堀越訓導も自宅から通おうと思えば通えるのですが、学校のすぐ目の前に下宿していました。遠くから通っていたら、仕事にならないのです。

しかし、学校には遅くまで残らないようにし、準備は帰ってからやるようにします。

毎日授業を見学するため全国から参観者が来ており、夕方学校の近くのどこかに泊まっています。中には、教員は放課後どのようにしているかと思って、学校に見に来る人たちもいるのです。夜遅くまで灯《ひ》をつけて学校に残っていてはいけないのです。

堀越先生　「ああしてやらにゃできんのかと思うじゃない、一般の者は。教師はすんだらさっ

と帰るということも見せたかった」

時間になったら、教員はみんないっせいに帰ります。宿直だけが残ります。

堀越先生　「そのときに、教員が遅くまで灯をつけて学校でやっていたら、かっこうが悪いじゃない。そこまで、校長さんは気を遣《つか》よっちゃったんよ。『早く帰れ。ぼやぼやすな』と言うて」

7　特技は何ですか

檜高憲三が校長だったとき、西条小学校に勤務しておられたもう一人の教師、岡崎正寛先生。私たち家族とは昔から親交があり、孫である私たちのことも、いつも温かい目で見守ってくださっていました。

父が亡くなった十一年前には、駆けつけて、早かった父の死に肩を落としておられました。そのとき、檜高校長のことにも話が及び、「今はまだその時ではないが、将来必ず、西条教育が注目を浴びる日が来る。それまでもう少し待ちなさい」とおっしゃいました。私は、岡崎先生のその言葉を忘れたことはありません。しかし、まさかこの私が、西条小学校について本を書くことになろうとは夢にも思いませんでした。

岡崎先生は、ついこの前、今年（二〇一五年）の一月、九十二歳であの世へ旅立たれました。先生は、私の今回の執筆の大きな原動力になってくださっていたので、この本の完成を見られないまま逝《い》かれたことが残念でなりませんが、きっとあの世から見てくださっていることでしょう。

岡崎青年は、西条小学校での採用がまだ決まっていないある日、檜高校長から呼び出され、初めて西条小学校で面接を受けます。

檜高校長は、岡崎青年に「特技は何か」と尋ねます。岡崎青年は、「高い所にのぼることです」と答えました。穏やかでおとなしそうな人柄に見える岡崎青年の意外な返答に、校長は驚きます。

岡崎青年は、広島県師範学校を卒業し、ある小学校に一年間勤務した後、海軍に召集され、戦争に行きました。

戦艦には、繋船桁《けいせんこう》という太い棒状のものがついています。普通はたたまれているのですが、停泊すると、それが横に広がって戦艦の横に突き出したような形になります。すると、乗組員はその繋船桁の上を歩き、そこに下がっているロープにつかまってスルスルと下に降り、はるか下に待機している小型のボートに乗り込むのです。岡崎青年は、それをいつもやっていたというのです。
二階から下を見下ろしただけでもふらっとするほどの高所恐怖症の私には、とても考えられないことです。

檜高校長「古い校舎が雨漏りする。どうも瓦が割れているようだ」
岡崎青年「校長先生、私が屋根に上がりましょうか」
檜高校長「何を言ようるんな。屋根屋《やねや》でも難しいのに、上へ上がってから、できるわけないじゃないか」
岡崎青年「屋根の上に上がってもいいですか」
檜高校長「上がろう思やぁ、上がってもいいが。落ちたら命はなくなるで」

岡崎青年が屋根に上がるのを、檜高校長はこっそり見ていました。

檜高校長「他の者が、『屋根に上がっとってじゃ』と言って、わしを呼びに来たので、わしはこっそり見よったが……。屋根の棟《むね》(屋根のてっぺんの部分)を、さっさっさっさ歩きよったが、足を踏み外したら、下へ落ちるで。おまえは、変わった男じゃのう」

岡崎青年「変わっちゃおりませんよ。屋根の上を上がるのは恐ろしいですわい」
檜高校長「わしゃ、びっくりしたのう」
岡崎青年「私は器用な男じゃないが、海軍で鍛えられとるから、しょうがなしに（しかたなしに）上を歩いたりしとったんです」

檜高校長は、「これはなかなか肝《きも》の太い男だ。見どころがある」と、とても気に入りました。

軍隊では、みんながやりたがらないような難しいことをするとき、いつも「誰かやる者はおらんか」ときかれ、誰かが「私がやります！」と自ら志願するのです。岡崎青年は、他にも、海に潜って人がやらない作業をしたり、他の人が嫌がるようなことでも何でも進んでしました。

これらは勇気のいることです。特に戦時中は、滅私奉公（私を滅し、公に奉ずる）の精神が重んじられ、我が身を捨ててぶつかっていく場面は多かったようです。国のため、みんなのために、我が身を捨てる……。とてもできないことです。

岡崎青年は、召集されると、呉から出港した戦艦「伊勢」に乗り、海戦に向かいます。当時最強とうたわれていた有名な戦艦「大和」の配属にはなりませんでした。岡崎青年が配属となった戦艦は、敵の攻撃を受けたら、生きては帰れないだろうと噂されていました。青年は、我が身の不運を嘆きました。

ところが、運命とは、わからないものです。

フィリピンの辺りで戦艦「大和」は「伊勢」などの戦艦と並んで戦争をします。戦艦「大和」は敵の猛攻撃に遭います。岡崎青年が乗っている「伊勢」も攻撃を受けます。岡崎青年は、多くの戦友の死を目の当《ま》たりにし、死とすれすれの境、壮絶な戦いを経験します。しかし、「伊勢」はなんとか呉に戻ってくることができました。

船から下りると今度は、岡崎青年は、教員として教育に従事するよう命じられます。大竹の海兵団へ行って、一か月間教員になるための勉強をし、それから朝鮮へ送られることになるのです。

最強とうたわれていた戦艦「大和」は、竣工以来いく度か海戦に臨みますが、敵の猛攻撃を受け、ついには沈没。多くの死傷者を出しました。「大和」をはじめ、多くの戦艦の戦没者は、今も呉の墓地に眠っておられます。

8　清書

採用が決まった三日め、檜高校長は、岡崎訓導に言いました。

「今から教室を全部回って、この教員はどこが良い、どこが悪いと言うから、私についてきて速記しなさい」

岡崎訓導は紙と鉛筆をもって一緒に回ります。檜高校長は、壁のどこに何がある、あっちはどうだ、こっちはどうだ、子供の姿勢が悪い、子供の扱いが悪い……などと、どんどん気づいたことを言います。岡崎訓導は、聞き逃さないように、一生懸命にそれを書き留めました。

翌日、岡崎訓導は、「校長先生、きれいに清書してきました」と、昨日の速記を清書した紙を校長に差し出しました。

校長は言います。「それはのう、わしがいるんじゃないわい。あんたに教えるために、あんたのためにやっちゃったんで。そりゃ、いらんわい。清書したというのはいいことじゃけ、おまえの勉強にせえ。それは、あんたの宝よ」

岡崎先生　「いかにいい具合にまとめて報告するかということを思うとった。でも、そうじゃなかった。着眼というか……。ええ勉強をさせてくれちゃったよ。この校長に、偉くしてもらった、今日の私にしてもらったというありがたみがあります」

檜高校長は、また次のようにも言いました。

「わしがこの人を偉くしようと思ってやるんじゃない。いいところは自分のほうから学んでいくという姿勢が大切なんで。人が教えてくれると思ようるようじゃあ、つまらんぞ」

9　何を拾ってきましたか

岡崎訓導は、赴任して間もない頃、檜高校長に尋ねます。「『独創』とは、どういう意味ですか」

檜高校長は、「それは、教えてやるもんじゃない。自分で考えてみなさい。それが、独創だ」と笑いながら言いました。

今から職員会議があります。岡崎訓導は、遅れないようにと急いで校務室へ向かいました。先に来ていた檜高校長は、岡崎訓導に声をかけました。「教室からここまで、どのようにして来たか」

岡崎訓導は「遅れてはいけないと思い、急いで来ました」と言いました。すると、校長は尋ねました。

「何を拾ってきた？」

「えっ？」と岡崎訓導は首をかしげます。時間だけを気にして、ただ前だけを向いて、ここまで来ました。床なんか全然見てもいませんでした。

檜高校長は言いました。「こういうときは、ただその目的地をめざして、まっしぐらに来るだけではだめだ。何か床に落ちていないかと、周りに気を配りながら来るものだ。ゴミを見つけたら、拾いながら来るぐらいでないといけない。それぐらい目が行き届き、他の人が気のつかないところにまで気がつくようにならないと、良い教師にはなれない」

岡崎訓導は、西条教育の神髄に触れたように感じました。

翌朝から、岡崎訓導は、先輩の先生方はどのようにして校務室に集合されているのかを、こっそり後からついていって、観察してみることにしました。ある教員は、窓の桟《さん》に、はたきをかけながら、校務室に向かっています。

西条教育には、無駄が一切ありません。岡崎訓導は、それを見てびっくりしました。これは、自分も何か考えないといけないと思い、いろいろ試行錯誤してみました。

「『独創』とは、どういう意味ですか」

それは、型にとらわれることなく、自ら独りで何かを創り出すこと。ようやく答えをつかんだように思いました。

10　先輩から後輩へ

西条小学校の教員のために、西条町内には二か所ほど下宿先が用意されていて、教員はみんなそこに下宿していました。

夜、先輩が後輩にいろいろなことを教えます。岡崎訓導は、大切なことを大きく紙に書いて、天井にはるようにと教えられました。校長から言われたことや、自分で大切だと思うことを書きました。寝る前に確認し、そしてまた、起きたときにもう一度天井を見て、自分を磨いていきました。

今月はこれを覚えようと思って、授業の進め方などを箇条書きにしてはっていると、先輩がそれを見て、それはこうしたほうがいいとアドバイスしたりしてくれました。

天井にはって、朝晩見る。さすが、なかなかの名案です！

西条小学校の教員は、学校だけでなく、私生活においても、お互いに切磋琢磨し、後輩は先輩に鍛えられました。みんなの団結力は強く、みんなで苦労を乗り越えていきました。だからこそ、これだけの西条教育ができたのです。

第十四章　檜高憲三校長の人間像

1　教育界の風雲児

Nさん　「檜高憲三は、教育界の風雲児《ふううんじ》よね」

「教育界の風雲児」――卒業生のNさんがおっしゃいましたが、この表現は面白く、私はとても気に入っています。

昭和十一年十一月三十日には、県の推薦で、広島中央放送局から、檜高憲三校長が全国へ向けてのラジオ放送に出演し、「学校経営」と題して話をしたという記録が残されています。また、扇田博元著『独創教育への改革　―真の実力とはなにか―』には次のような記述もあります。檜高校長は、昭和八年、三十六歳のとき、文部大臣より教育功労賞を受けました。そして、西条小学校は、昭和十三年四月二十九日、学校経営優秀につき文部省より表彰され、その後、全国三大優良学校として、全国から注目を集めていたそうです。

岡崎先生　「賀茂郡の檜高ではない、広島県の檜高も飛び越えて、全国をまたにかけた檜高憲

三という大校長じゃったわけです。普通の学校とは違って、とにかく研究、新しいことをやっていく。『西条小学校に行くのは命がけで行かにゃいけん』と当時はいわれていた。行ったら、夜は寝られん。勉強せにゃいけん。昼は、やることをやらにゃいけん。そしたら、寝る時はない」

岡崎先生　「師範学校を出たとき、成績のいい者は附属小学校に残るんですよ。檜高先生は附属に行って、附属の教員になっとってじゃけ。成績が抜群じゃったということですよ」

岡崎先生　「細かいところまで気がつきよっちゃったよ。どことはなしに、人より違っとった」

Nさん　「研究熱心じゃあったんでしょうね。他の先生以上に、とびぬけて研究熱心で、偉かったんでしょうよ。相当なやり手でもあったわけですよね」

Jさん　「教育熱心な人じゃあございましたぞ。西条の町長さんと組んで、西条の町をよくしようということでね。なかなかの先生じゃったんでしょうね」

堀越先生　「校長は、熱血漢ですねぇ。そりゃもう、熱血漢ですよ。仕事には怖いねぇ。その代わり愛情がある。仕事上は厳しかった。愛情表現も、いろいろ考えられた人ですね」

　教員が全員で宿泊したこともあります。校舎の一角に五右衛門風呂があり、校長から順番に、教員たちがお風呂に入ります。その後で、座談会をし、和気あいあいとすることもありました。

　また、校務室で教員たちが口角泡を飛ばして議論したあとに、校長が「ちょっと来い。今日は独創塾じゃ」と言って、教員たちを独創塾に呼び出すこともありました。

　独創塾とは、西条小学校の近くにある建物です。ここは、教員が精神を鍛えられる場で、教員にとっては心の糧でした。

　教員たちは、今日は校長から何を言われるのかと、びくびくしながら独創塾へ行きます。しかし、そこでみんなを待ち受けていた校長は、「ようやったのう。一杯飲め」と言い、教員たちにお酒をごちそうし、ねぎらったといいます。檜高校長は、そんな温かみのある人だったようです。

堀越先生　「優しい面があるけん、ついていけるんよ。それからね、人を生かすことが非常に上手な人じゃったね。人の心の機微がわかる、心遣いのある先生じゃったね。やる気を起こすわいね、みんなが」

堀越先生　「心構えが全然違うんじゃけ。教育に対する信念というのはね、まあね、すごいんよ。とにかく信念があったね。そうせにゃね、できんわ。普通の考え方じゃね」

独創塾

堀越先生　「うっかり、ものを言ってんなかったね。だから自分の心の中で、いろいろ考えて言ってんじゃろうね。だから、言葉に力があるんよのう。でも、言葉以前に、行動で教えてもろうとるからね。実例をもって教えてもろうとるからね」

堀越先生　「小さいところまで気を配って、人を助けていく。普通の人じゃあできんよ。大らかでもあるし、小さいところにも気がつくし……。立派な人よ」

西条小学校のすぐ隣の校長の自宅には、毎朝七時頃から、町民や保護者がひっきりなしに訪れては、家庭や教育、子供のことについて、檜高校長に相談していました。教育熱心な保護者や生活に困っている人などの悩みを聞いてあげたり、子供を教育することの大切さを説いたりしていました。

2　身近な校長

檜高校長は、個々の児童の指導にも、あたっていました。あるクラスに、担任の教員にはちょっと手に負えないような子供がいると、校長は「連れてきなさい」と言って、子供を呼び出し、直接指導していました。

普通は、校長先生は、雲の上にいるような遠い存在で、直接話したことはないという子供は多いと思います。しかし、西条小学校は違っていました。東京へ行って、力量を発揮し、活躍された西条小学校の卒業生の中には、当時はガキ大将で、よく檜高校長から呼び出され、叱られて廊下に立たされたものだと、懐かしそうに語ってくださる方もいらっしゃいます。

六年生と高等科二年生が卒業するときには、その保護者に一人ずつ会って、檜高校長が面談をします。校長は、自分が思ったこと、良いこと、悪いこと、気づいたことなど、何でも話していました。保護者に話ができるぐらい、一人ひとりの児童のことをよく見ていたのです。

堀越先生　「そういう多面的な偉さが校長さんにはあったんよ。校長さんはね、個々の子供のことまでみな知っとっちゃったということよ。それで学校全体の教育を考えよっちゃったんよね。それは大切なことじゃ思いますよ。だから、私もそれをならったんよ。先生の心もつかまにゃいけんけどね、子供の心もつかまんと校長はできんということも、檜高校長に教えてもろうた。先生方の性質を校長さんはみな知っとってんじゃけん。どんな性格か、家族はどうなっているか、今何を考えとるか、みなわかるんじゃけん。そういうところを見抜ける校長さんは、本当に偉大な人よ。まあ、私はそういう偉大な校長さんに仕えたから、幸せ者じゃ思うとるんよ。そりゃ、当時はつらかったよ。寝る時間もなく勉強した。でも、偉大な人に教えてもらって、私は幸せ者じゃったと思う」

堀越先生　「檜高校長は、直接受け持ちはしておられないけどね、ほとんどの子供を把握しとっちゃった。西条町を改革するという意欲もあったんだから、親とのつながりも含めてね、子供をわかっとったんじゃないかと思う。家庭の状態、親の状態を通して、子供を見る。そういう目が校長さんにはあったんだと思う。我々には、子供そのものしかわからん。校長さんには、町全体の様子とかね、成り行きとか流れとか、どういう性格とかどういう思想とかいうことも、わかっとったんだと思うよ。だから、個別指導ができたんだと思う」

3　べっぴんさんがそろってますねぇ

ＴＯさんは、夫に先立たれ、お好み焼き店を一人で切り盛りしています。今日は、我が子の参観日。忙しい仕事の合間をぬって、割烹《かっぽう》着を脱ぎ、大慌てで西条小学校に駆けつけます。子供の教室で授業を参観した後、保護者はみんな、講堂に集まり、檜高校長の話を聞くことになっていました。

講堂に入ったＴＯさんは、違和感を覚えました。周りはみんな、きれいなお母さん方ばかりです。今日は特別な日なので、どのお母さん方もお化粧はバッチリ、髪はきれいに整え、きちんと正装をしています。

しかし、仕事が忙しいＴＯさんは、ここに来るだけで精一杯でした。自分の身なりを整えることなど、考える余裕もありませんでした。ＴＯさんは、だんだんとみじめな気持ちになり、悲しくなってきました。

さあ、いよいよ校長先生のお話が始まります。校長先生は、演壇に上がり、講堂をさっと

見わたしました。そして開口一番、「ほう、今日は、べっぴんさんがそろってますねぇ。びっくりしました」。TOさんは、その言葉を聞き、ますます小さくなります。校長先生は、「でも、そんなにいい恰好《かっこう》をしなくてもいい。子供のための参観日なんだから、子供が主役です。お母さん方が競い合わなくてもいいのですよ。これからは、ふだん着で来なさい」と言いました。自信がなく小さくなっていたTOさんは、その言葉にびっくりして、顔を上げ、壇上の校長先生をまじまじと見ました。TOさんは嬉しくて、涙が出そうになりました。なりふりかまわず女手ひとつで子供を育ててきたTOさんは、校長先生の言葉に救われました。

4　児童が社会に出てからも

卒業生は、これまで西条小学校で学んだ教えを身につけて世の中に出ていくことになるのですが、自分の入った会社の考え方が、これまで学んできた教えとは異なっていて、どちらを信じてよいのかわからず悩むこともありました。

卒業生は、檜高校長に悩みを打ち明け、相談します。檜高校長は自ら、その会社に行き、上司や社長に会って、会社の方針などについてとことん話をし、卒業生のために話をつけたというエピソードも残っています。

堀越先生　「卒業生についてはね、いろいろ心配しておられました。できることじゃないんよ」

卒業生が社会に出ても、うまくやっているかということを、檜高校長は常に気にかけていたようです。学校で正しい教えを身につけても、それが通らないような社会ではいけない、世の中の考え方を変えなければならないという思いが檜高校長にはあったのです。

5　夜明けの静寂の中で

冬の早朝、午前六時、児童は集まり剣道の稽古《けいこ》をやることになっていました。これも寒稽古の一つです。男子児童は、白い息を吐き、ぶるぶると震えながら学校にやってきました。友達同士でわいわいと騒ぎながら、講堂に入ってきました。

ところが、子供たちは、入るやいなや、しーんと静まりかえりました。寒い講堂の静寂の中に、剣道着を身につけた一人正座する校長の姿を見たからです。檜高校長は、朝五時から講堂に来ていました。わいわいと騒いでいた子供たちは、急いで校長にならい正座しました。

檜高校長には、何も語らなくても、自分の姿で教えていく、そんな一面がありました。児童は、ざわついた心を静め、己をふり返り、早朝の静けさ、そしてすがすがしさを味わうのでした。

6　神聖な学校

二〇一三年七月のある日、私が子供の頃から、ずっとお会いしていなかったMさんが、久しぶりにひょっこり私のところを訪ねてこられました。そのとき、私には予期せぬことでしたが、祖父、檜高憲三に関するある面白いエピソードを聞かせてくださったのです。Mさんは、祖父の媚《こ》びへつらうことのない態度に、「おじいさんは、気骨《きこつ》のある人だ」と、とても感心しておられました。祖父はそんな人だったのかと、私は知らなかった一面を垣間《かいま》見たような気がしました。

ちょうどその十日後、地方紙の中国新聞のある記事を読んで、私は目を疑いました。「生きて」という記事に、賀茂鶴酒造の名誉会長　石井泰行さんの記事が出ていたのですが、それが、つい数日前に私のところを訪ねてこられたMさんが話しておられたことと同じ内容だったのです！

私は、実際にこの場面を目撃された、西条小学校の卒業生である石井泰行さんにお会いし、お話を聞かせていただきました。

ある日、有名な陸軍大将が、学校視察のため、西条小学校に馬に乗ってやってきました。馬から下りて、長靴《ちょうか》を履いたまま簀板《すいた》（下駄箱の前などに置いてある簀状《すのこ》の板）の上に上がったら、檜高校長が「こらーっ！　神聖な学校に土足で何だ！」と、教員や児童の前で怒鳴ったのだそうです。その態度は堂々たるものだったと、石井さんはおっしゃいました。

当時、陸軍大将は大きな権力をもっており、面と向かってそんなことを言える人はいませんでした。檜高校長は、相手が誰であろうと、曲がったことが大嫌いで、自分の信念を貫く、まっすぐな人でした。

檜高校長の口からとっさに出た言葉、「神聖な学校」――それは、まさに檜高校長の心、そして、生き方までも映し出した言葉だったといえるのではないでしょうか。

7　私のようになりなさい

ある年の西条教育研究大会のことです。全国から多くの先生方が勉強に来ておられました。授業参観を終え、校長の話を聞くために全員講堂に集まります。

校長の話が終わり、質疑応答の時間になると、みんなの前で、ある学校の先生が檜高校長に質問しました。

「どのようにすれば、西条教育のようなことができるのでしょうか」

校長はしばらく考えて、こう答えました。

「私のようになりなさい」

本書を通してこれまでずっと述べてきたように、檜高憲三は若くして校長になり、骨身を削り、一心不乱に、ただ教育のことだけに集中し、自分の人生を西条教育に捧げてきました。

「私のようになりなさい」

この言葉は、檜高憲三が校長として西条教育のために捧げた二十三年間を、まさに凝縮した言葉だったのです。檜高校長には、それにまさる言葉は思い浮かびませんでした。

8　一隅を照らす人になれ

「一隅を照らす人になれ」。檜高校長は、これを座右の銘として西条教育を進めていったといわれています。

これは、西条小学校の児童や教師に向けた檜高校長からのメッセージでもあったのです。

「世の中に出て、それぞれの与えられた立場で自分を生かし、輝きを放つ人になれ。世の闇を照らし、光をあてる人になれ。教師は、どの子にも光をあてて、一人ひとりを輝かせよ」

著者　「Jさんは、この言葉を檜高校長から聞かれたことがありますか」

Jさん　「聞いたことがあります。真っ暗な闇の中でも、ぱーっと明るく照らすような、立派な人間になれという意味じゃあったんでしょうねぇ。いい言葉じゃございますわいねぇ」

堀越先生　「檜高校長は、言葉には出してんなくても、行動でやってんだからねぇ。そういう思想はみな行動に出とります。そういう思想は、卒業生の身体にも入っとるんじゃないかな」

著者　「檜高校長は、いつもこれをスローガンのように掲げてやっていたわけではないですが、行動からにじみ出るものだったのですね」

第十五章　檜高憲三の家族　～檜垣マスエさん

現在九十六歳の檜垣《ひがき》マスエさんにお話を伺いました。檜垣マスエさんは、檜高憲三の高屋町の生家のすぐ近所にお住まいで、檜高のことを昔からよく知っておられます。

◆檜高憲三

「あなたのおじいさん（檜高憲三）が『学校へ行かさんにゃいけん。学校へは行かせぇよ。子供だけは、勉強させにゃ、つまらんぞ』、いつも、あんなことを言ってくれよっちゃったんよ。なかなかしっかりした人じゃったけんね」

◆弟　檜高繁次

「私は西条町の吉土実《よしとみ》小学校に行った。繁次《はんじ》さん（檜高憲三の弟。檜高三羽ガラスの一人）が担任で、教えてもろうとる。私がここ（檜垣）へお嫁に来たとき、繁次さんは『あんた、よう来てくれた』と言って喜んでくれちゃった」

昔受け持った卒業生が、隣村にある自分の実家のすぐ近所の家にお嫁に来られたのです。繁次さんは、不思議なご縁に、さぞかし驚いたことでしょう。

◆父　八十八

檜高憲三の父、八十八《やそはち》は、若い頃は憲兵をしていました。

「あの人はね、なかなか堅《かた》い人じゃったよ。間違ったことは絶対ない。何でも、きちっとした几帳面な人じゃった」

「私が八十八さんに、『あなた方には、みな賢い子供さんばっかりおってけ、ええことよ。言うことはないわ』と言ったら、八十八さんは、『あれは人が賢うしてくれるんで。賢い人とつきあいをしたら、賢うなるんで』と、よう言いよっちゃった。憲三さんが校長になったことも喜びよっちゃった。『憲三が何でもようやってくれる』と喜びよっちゃったよ」

◆母　リサ

「餅をついて、あられを作って。あの頃はお菓子がないけんね。焙烙《ほうろく》（素焼きの平たい土鍋）で炒ってね、子供にやりようる。漬物《つけもの》を漬《つ》けるのがものすごく上手じゃった。醤油《しょうゆ》もみな作る」

◆妻　シゲノ

「あなたのおばあさん（檜高憲三の妻シゲノ）は、やおい（柔らかい、穏やかな）、上手な人じゃったよ。できた人じゃったよ。頭の低い。八十八さんをみてあげよっちゃった。ようしちゃったよ。『おはぎが食べたい』と八十八さんが言ったら、重箱にいっぱいおはぎを作って。八十八さんは、『シゲノさんがこさえて（作って）くれる。うまいでよ』と言いよっちゃった」

檜高憲三には、重雄（四歳で死去）、幸子《さちこ》（故人）、哲雄、富美子《ふみこ》、幹雄（故人）の五人の子供がいます。

◆檜高幹雄の誕生

「あなたのお父さん（檜高幹雄）が生まれたと言って、八十八さんがうちへ来ちゃった。あの頃じゃけ、一円喜びをした（お祝いをした）。あの頃は、かまぼこはありゃせん（ない）時代じゃったが、かまぼこを二本ずつくれちゃったことがある。喜びいうたら、一円じゃけ。あの頃は、ああようなかったんよ」

右の写真は、長女幸子

下は家族写真
中央が檜高憲三、右隣が妻シゲノ、左隣が哲雄
右端が富美子、前が幹雄

第十六章　戦中・戦後の西条小学校

1　先生の出征

中原さんが五年生だったときのことです。三学期、担任のK訓導のところに赤紙が来ました。戦争への召集令状です。K訓導は、ある日突然、出征のため、学校を辞められることになりました。先生を送る行事が執《と》り行われることになり、中原さんは、代表として先生へのお礼の挨拶をするように言われました。

K訓導が辞められてしばらくして、八本松《はちほんまつ》の原《はら》というところの演習場に、K訓導が来られたという話を檜高校長から聞きます。中原さんのクラスは女子ばかりのクラスですが、十五人ぐらいが、休みの日に、西条から原の演習場まで歩いてK訓導に会いに行くことになりました。歩いていこうと思ったら、かなり遠いです。私なんか、とても歩けません。みんな親には内緒でした。演習場に着くと、K訓導に会うことができました。先生は、たいへん喜ばれました。先生といろいろ話をすることもできました。

K訓導は声のきれいな音楽の男の先生でした。とても優しい先生です。師範学校を卒業して、すぐに西条小学校の訓導になられました。

夜、児童が家に帰ってみると、娘たちがいなくなったと大騒ぎになり、親たちはみんな探し回っていました。

こんなにまでして会いに来てくれた子供たち。K訓導もさぞかし感激されたことでしょう。K訓導のお人柄をうかがい知ることができます。

2 防空壕

西条小学校の近くに小高い丘があり、西条小学校では、そこの下にトンネルを掘ったのだそうです。丘の両側から毎日毎日掘っていって、途中で合体させました。左右から掘ったのが、ちょっと行き違い、高さが少しずれたので、階段でつなぎました。防空壕《ぼうくうごう》です。空襲があったら、全校児童が避難するトンネルです。児童や教員が、放課後や夏休みなどに掘りました。幸いにも、木の根っこはなく、掘りやすい場所でした。

そのトンネルは、迷子になりそうなほど、アリの巣のように縦横無尽に広がっていました。長くて中は真っ暗なので、中に数か所、電灯をつけました。完成すると、全校児童を入れてみました。それは、大人が立って歩けるほどの大きなものでした。いざという時に備え、訓練として、みんながそこに入る練習もしました。爆弾が落ちてきたら、子供を入れて守ろうとしたのです。

堀越先生「私たちが立って自由に歩けるだけのトンネルじゃけんね。そりゃ、あとから考えたらすごいもんよ。全校の子が、何百人の子供が、入るんだから」

当時は、どこでも、各自が防空壕を掘っていました。自分の家族が入ったり、家財道具も入れたりしました。大切な着物など、焼けてはいけないものを入れることもありました。生き残るために、みんな必死だったのです。

3　不寝番

戦争が激しくなってきた頃から、夜は、不寝番《ふしんばん》をおくことになりました。それまでは、奉安殿を守るために、宿直として男性教員と男子児童が毎晩泊まっていましたが、この不寝番では、高学年の男子児童だけでなく、女子児童も数名泊まることになりました。当番になった児童は、授業が終わるといったん家に帰り、夕食を食べてから、また学校に集まります。

今夜は、児童の内藤さんが、不寝番として学校に泊まっています。突然、空襲警報が鳴ります。夜の静けさをかき乱すような不気味《ぶきみ》な音です。急いで外に出てみると、飛行機が飛んでいるのが見えます。学校のすぐ前にある黒橋の上へ、みんなで駆けつけます。当時は、今のように高い建物はなかったので、ここはたいへん見晴らしがよく、遠くまで見わたせるのです。飛行機が飛んでいくのを、みんなで見ていました。「どこへ行くのかね?」「呉のほうへ行っているよ」

そのうちに、飛行機は焼夷弾《しょういだん》を落とし始め、真っ赤になっています。子供たちは、「やられてる」「やられてる」と口々に言い、怖がります。呉が空襲にあっていたのです。

不寝番になった子供たちは、一晩中、寝ずに起きていました。時々外に出ては、見回りをします。校舎がやられて火事になってはいけないので、いざというときには、水をかけたりしなければなりません。子供たちは、体を張って、学校を守っていたのです。

戦争が激しくなってくると、食糧などの物資は不足し、武器を生産するための金属も不足してきました。一般の家庭にも、金属の供出《きょうしゅつ》を呼びかけ、ろうそく立てや火鉢までも回収されることになります。西条小学校では、二宮尊徳の銅像が撤去され、供出されます。

4 原爆投下

昭和二十(一九四五)年八月六日午前八時十五分、広島市に原子爆弾が投下されました。同じ広島県とはいっても、原爆が落ちた広島市から、ここはずいぶん離れているので、西条小学校の校舎や児童、教員は、みな無事でした。しかし、広島市に通勤・通学する家族や、西条小学校の卒業生、親戚、その日にたまたま広島市に出かけていた人など、多くの関係者が亡くなりました。

原爆投下時、西条からは、西の空に大きなきのこ雲が見えました。大きなガスタンクが爆撃され、やられたのかもしれない、それにしてもあんなに大きな雲になるのはおかしいと、みんなは口々に言っていました。

そうこうするうちに、広島からの汽車が到着し、全身にやけどを負った人々が次々と降りてきて、病院などに収容されていきました。西条小学校は、山陽本線の西条駅のすぐ北側にあるので、広島市に原子爆弾が投下されたという情報は、すぐに入ってきました。

堀越先生　「まあ、あのときのショックは大きかったね」

堀越先生は言葉少なに語られました。

広島の原爆投下で、昭和二十年末までに、約十四万人の方がお亡くなりになりました。その後、原爆症などで亡くなった方も含め、現在では、二十数万人の方が原爆の犠牲になられたといわれています。

5　墨塗りと補習

戦争がだんだんと激しくなってきた昭和二十年、授業はなかなか進みませんでした。教師も児童もみんな頭の中は混乱していました。

堀越先生　「何を頼りに教えようかと……。それでも、子供がおるんだから、授業をせにゃいけん」

八月六日に広島に原爆投下。八月九日には、今度は長崎に原爆が投下されました。昭和二十年八月十五日、日本は敗戦しました。

敗戦後は、ＧＨＱの指令で、それまで使っていた教科書の中の、軍国主義的な言葉などを含むふさわしくない内容は、教えてはいけないことになりました。授業中、担任の教師が「ここを消しなさい」と指示し、児童は自分の教科書に筆で墨を塗りました。字が見えてはいけないのです。教科書はほとんど真っ黒で、塗っていない残りの部分は少しだけになりました。

堀越先生　「そりゃ情けなかったよ」

今までずっと教えてきた内容を、ある日を境に、突然、教えなくなるのです。これからは、教科書に合わせ、授業内容も変えていかなければなりません。考えをがらっと変えなければならず、教師も大変でした。

堀越先生　「まあ、世の中がまるで変わったんだからね。教育の世界が一番ひどかったんじゃないかなあ。思想的な問題があるから」

中学校や高等女学校などを受験する小学校六年生の児童には、遅れを取り戻すため、放課後、補習が行われました。終戦後の六か月の間に、算数・国語を詰め込みました。地理・歴史の授業は、ＧＨＱの方針で、教えてはならないということになりました。

例えば、補習では、西条小学校の女子児童の多くが進学を希望する地元の賀茂高等女学校の入学試験に備えて、六か月間、筆記試験対策が行われました。授業内容に変更があるため、どのような問題が出題されるのか見当もつきません。しかし、結局、その年は筆記試験は実施されず、口頭試問だけが行われました。

6　戦争が終わって

戦争は終わりましたが、兵隊として戦争に行ったまま、帰らぬ人となった児童のお父さんやお兄さんもおられました。

堀越先生　**「そりゃあね、身内を戦争で失うのはつらかったと思うよ。自分の命を投げ出すんじゃけんね」**

校門から入るとすぐ右手にあった奉安殿は、取り壊されます。御真影や教育勅語は全部返されました。奉安殿を守る必要がなくなったため、日直・宿直の制度もなくなります。

著者　「今まで学校に入るときに、一礼したり、奉安殿に向かって最敬礼していたのですが、奉安殿も取り払われたのですね。これから日本はどちらに向かって進んでいくのかと思うと、不安を感じられたことでしょう」

堀越先生　**「精神的にいろいろ負担があったですね。学校へ入ってくるときも、ちょっと精神的に動揺があったね。敗戦の気持ちというのは……。灯火管制《とうかかんせい》はなくなるし、自由になったという気持ちもあったね」**

戦時中、夜に灯をつけていたら、敵から狙われるというので、各家庭ではできるだけ灯を消していました。灯をつけるときは、光が外に漏れてはいけないので、黒いカバーをかけたりしていました。灯火管制です。戦争が終わるまで、それは続けられました。

終戦後は、灯をつけることができるといって、みんなが喜んでいるような写真や絵が新聞などによく載りました。灯をつけることができるというのは、国民にとって、自由と平和の象徴だったのです。

堀越先生　**「それらと最敬礼とが頭の中で交錯するんよね」**

著者　「今までそれが習慣のように身について、一生懸命やっておられたのですからねえ」

終戦を境に、生活や考え方が、がらっと変わりました。

堀越先生　**「我々の心の中は、迷うというか、空虚というか、空っぽというか……。何を頼りにして生きていったらよいのか、まったくゼロになったわけです。心の寂しさと解放感とが入り混じって、変な気持ちじゃったよ。寂しさと喜びと。敗戦ということがあるからね。いろんなことが入り乱れて……」**

戦時中は、国民はみんな一致団結し、さまざまな困難を乗り越えてきました。ところが、敗戦が大きな節目となります。この日を境に、世の中は大きく変わります。みんな、これからは何を頼りにしていけばよいのかわからないという不安を感じていました。そして、これまで自分が信じてきたもの、「よりどころ」がなくなってしまったような戸惑いを覚えます。

第十七章　西条小学校との別れ

昭和二十年八月十五日の正午、昭和天皇によるラジオ放送が流れ、ついに戦争は終わりました。

学校はちょうど夏休みでした。放送が終わると、当時児童だった石井泰行さんの、お父さんである石井武志《たけし》さんが学校に駆けつけて、檜高校長と抱き合って、二人で泣きました。敗戦に対する無念の思いがあったのでしょう。石井武志さんは、檜高憲三がまだ西条小学校の訓導をしていた時代の教え子で、その頃からの長いつきあいでした。

ある日のことです。檜高校長をはじめ、教頭、訓導たち、教職員が全員校庭に集まっています。みんなで何かを取り囲んでいるようです。神妙な面持ちで、みんな地面を見つめています。視線の先には、大きな酒樽《さかだる》がありました。

教職員は、力を合わせて、校庭に深くて大きな穴を掘ったのです。その穴の中に、大きな酒樽を入れました。そして、教職員は一人ずつ、頑丈《がんじょう》に包装した袋を、酒樽の中へ入れていきました。それは、檜高校長の二十三年間の軌跡《きせき》、各教員の思い出の品々でした。

檜高校長は言いました。

「みなさん、五十年後に掘りましょう。五十年後に、私たちのやってきた西条独創教育がどのようになっているか、そして、世の中からどのように評価されているかをみてみましょう」

なぜこのようなことをするのか、教職員には理由はよくわかりませんでしたが、これは檜高校長の提案でした。これまでやってきた「西条独創教育」を穴に埋め、後世に残し、その真価を世に問うためのものでした。

みんなは、うつむいています。檜高校長と一丸となって苦楽を共にした西条小学校での懐かしい日々……。

思い出がいっぱい詰まった酒樽にふたをし、土をかけ、埋めました。みんなは地面を見つめ、そこから動こうとはしませんでした。

教職員だけの静かな校庭を、夕日がやさしく包んでいました。


日本は、戦後の混乱の中、平和と復興をめざして、新たな時代を迎えることになります。

檜高校長は、戦時中、西条町の翼賛壮年団長《よくさんそうねん》をしていました。翼賛壮年団は各町村にあり、その団長が必ず一人いました。翼賛壮年団長は、マッカーサーの指令により、軍事色があるということで、全員残らずパージ（公職追放）にあいます。

堀越先生　**「マッカーサーの指令ですからね。有無《うむ》を言わさんのだから。各町村で一人は必ずやめさせられた。教員であったか、郵便局長であったか知りませんが、その町村で**

有力な人がなっとったはずだから。全員やめさせられたんよ。例外なく、全国一律。これはしょうがないね。アメリカが決めたことじゃけ。戦争の影響よ」

三年間の訓導時代と二十三年間の校長時代。檜高校長は、二十六年間を西条小学校、そして西条町のために捧げてきました。敗戦が、檜高校長の運命に暗い影を落とすことになろうとは、いったい誰が予想していたでしょうか。

しかし、酒樽を校庭に埋めたとき、檜高校長は、自らの来たるべき運命をすでに知っていたのかもしれません。

昭和二十一年三月末をもって、檜高校長は、長い校長生活に幕を閉じました。堀越訓導も、四年間勤めた西条小学校を後にし、四月からは西高屋小学校に転任が決まりました。

西条小学校は、昭和二十一年四月より、池田弘校長によって引き継がれます。そして、昭和三十四年十月より、旧西条小学校、吉土実小学校、御薗宇小学校、下見小学校が統合され、新しい「西条小学校」が誕生し、下崎實校長が就任します。そして、その後を岡崎正寛校長が、引き継ぐことになります。

檜高校長退任後も、旧西条小学校で檜高校長とともに力を合わせた、池田校長、下崎校長、岡崎校長によって、「西条独創教育」は受け継がれていくのです。

第十八章　堀越先生のその後

1　西条小学校から西高屋小学校へ

堀越先生は、二十七歳で、西条小学校から西高屋小学校（のちに、高屋西小学校と改称）へ転勤することになります。今度は、西高屋小学校で、これまで身につけてきた西条教育、つまり独創教育や相談学習を実践しようとしました。その学校の校長に頼んで、全国を相手に、毎年、理科教育を中心に研究大会を開きました。

堀越先生「そうせずにはおられなんだ」

西条小学校を辞めても、堀越先生の教育に対する情熱の炎は消えることはありませんでした。西高屋小学校は、県内の理科教育の「先駆《せんく》」（他に先がけて物事をする。さきがけ）だという評価を得るところまでいきました。

檜高憲三が所蔵していた本の中に、堀越先生が西高屋小学校で研究大会を開かれたときに小学校が発行した小冊子を見つけました。それは、その研究大会に出席した際にもらう資料です。堀越先生が西高屋小学校に移られたときには、檜高憲三はすでに小学校から退いていたにもかかわらず、その研究大会の資料を持っていたのです。もしかすると、密かに堀越先生の研究発表を見に行っていたのかもしれません。

堀越先生　「この小冊子が、どうしてここにあるんかの？　きっと見に来てくれよっちゃったんじゃろうのう……」

檜高憲三は、退職後も、自分が育ててきた若き堀越訓導の活躍を喜び、その成長ぶりを静かに見守っていたにちがいありません。

2　広島県教育委員会へ

堀越先生は、小学校の教員を経て、その後、広島県教育委員会に入り、指導主事になりました。当時の呉市、賀茂郡、豊田郡など、公立の小学校・中学校の校長や教員の指導にあたりました。指導といっても、それらの学校へ行ってただ話をするだけではありません。行ったら、必ず一時間ほど、何かの科目の模範授業をするのです。小学校では、専門の理科だけでなく、他の教科の授業もやってみせました。

島の学校へは、船で迎えにきてもらって、泊まり込みでやりました。

必ず実際の児童や生徒を前にして授業をやってみせ、具体的な指導をしていました。一方的に教えるのではなく、子供から引き出していく授業方法です。初めて会う児童や生徒だったら普通はやりにくいものですが、子供たちの反応をうまく引き出し、その反応を主体にした授業を行いました。その学校の教員たちは自分のクラスをみな自習にして、一時間だけ先生の授業を見に集まり、授業後には、先生から具体的な説明を聞きました。

このように、堀越先生は、西条小学校で昔鍛えられたこと、相談学習などを、先生の考えを加えて自分なりに、あちこちの学校でみんなに指導してまわられたのです。

堀越先生　「身についとるからね。たたき込まれとるんだから。今から考えてみたら、すごいね。だいたい子供の心をつかんどったからね。だから、できたんじゃと思うよ」

3　当時、広島県内で一番若い校長に

堀越先生は、教育委員会に四年間勤め、四十一歳のときに、初めて小学校の校長になりました。当時、広島県内で一番若い校長でした。西条教育をもとにして、自分なりの教育方針をつくりました。堀越先生も、多くの校長や教頭を養成しました。四年間西条教育をみっちり教えられたため、言うことなすことすべてが身についていました。子供とじかに接するのは担任の先生だから、その先生方を立派に育てていくことが教育だという考えのもと、職員指導には一

番力を入れていました。

堀越先生は、謙虚でいらっしゃるので、ご自分がどうだったというお話をあまりされません。こちらがいろいろ聞き出して初めて重い口を開いて、ご自分の経歴を語ってくださいました。

堀越先生　**「檜高先生の愛弟子《まなでし》だから。先生のいいところをみな吸いとっとる。それがないと、今日の私はないです。校長になってもね、他の先生方をリードしていったのも、檜高先生の影響を受けていますよ」**

堀越先生　**「檜高校長さんのおかげで、先生方はそれぞれ散り散りばらばらになっても、みな大成しとる。みな活躍しとるんよ」**

堀越先生は、今日の堀越先生をつくったのは西条教育だといっても過言ではないとおっしゃっています。西条小学校から他の学校へ転勤になった後も、また教育委員会に勤めたときも、西条小学校のやり方を継承し、世の中に広く伝えていかれたのです。

第十九章　この世との別れ

1　檜高憲三の最期

檜高憲三は、西条小学校退職後、財団法人の賀茂ドレスメーカー女学院（洋裁学校）を設立・経営するとともに、視聴覚教育の推進に力を注ぎます。追放が解除となった後は、県議会議員（一期）、西条町教育委員長、郡と県ＰＴＡ連合会長、県私立各種学校連盟会長などを務めます。

昭和四十一（一九六六）年一月十四日、広島県賀茂郡（現在は東広島市）高屋西小学校で、賀茂郡小学校長会の研究会が開かれ、檜高憲三は講演を行いました。講演を終えた後、万歳を唱え、壇から降ります。

檜高憲三は、その直後から気分が悪くなったため、高屋の実家に立ち寄ります。そこで車を呼んで、西条のかかりつけの病院に行きます。ベッドに横になり、安心したのでしょうか、主治医に脈をとってもらいながら、静かに息を引き取ります。午後一時四十五分、心筋梗塞《しんきんこうそく》でした。

賀茂郡の校長先生方に教育のあり方を説き、万歳を唱えた最期。教育一筋に生きてきた檜高憲三にとって、そのような人生の終わり方は、まさに本望《ほんもう》だったといえるでしょう。

檜高憲三が唱えた「万歳」という言葉は、檜高憲三が築き上げてきた西条教育、自らの人生、そして、日本の教育の未来に対しての「万歳」だったと、私には思えてなりません。

祖父らしい几帳面な最期でした。檜高憲三は、六十八歳で生涯の幕を閉じます。激動の人生を終え、ようやく静かな眠りにつくことができました。

2　教育碑

檜高憲三の急逝《きゅうせい》を悼《いた》み、またその功績をしのんで、「旧制西条小学校同窓会」、「西条教育同人会」、「檜高教育を讃《たた》える会」の方々が、昭和四十一年十一月三日　文化の日に、教育碑を建立《こんりゅう》してくださいました。3ページの写真をご覧ください。

この教育碑は、JR西条駅の北側改札口を出たすぐ目の前にある御建神社の境内にあります。御建神社は、街の喧騒《けんそう》から離れた、緑深い、ゆったりと落ち着いた自然の中にあります。参道を歩いていくと、右手に教育碑が見えます。

この碑は、いかにも檜高憲三らしい、本を開いた形になっています。中央上には、桜の花の中に「西」の字をかたどった西条小学校の校章がついています。

檜高憲三先生は大正六年広島県師範学校卒業直ちに西条尋常高等小学校訓導として三か年奉職された
大正十二年少壮二十六才で同校校長に抜擢され昭和二十一年国家的事情により勇退されるまで前後実に二十有六年西条児童の教育一筋に身命を捧げられた
「何事も自ら進んで正しく強く優しく永くやります」との校訓のもとに提唱実践された「独創教育」は先生一生の理想であり世人敬仰の的となつた
昭和四十一年一月十四日賀茂郡小学校長会臨席中発病され同日六十八才で急逝されるまで終始教育への熱情をもつて貫かれた
教育を愛し日本を愛し西条を愛された偉大な教育者　檜高憲三先生の不朽の功績を偲びこの教育碑を建設する

教育碑の碑文

右上には、東郷平八郎元帥が書かれた「獨創」。右下は、元文部大臣、元広島大学長の森戸辰男先生が書かれた「檜高憲三先生　教育碑」。

左上には、西条教育同人会代表、広島県議会議員の坂田史郎先生が書かれた西条小学校の校訓。坂田史郎先生は、檜高憲三が二十六歳で校長になったときの最初の教頭でした。

左下は、旧制西条小学校同窓会代表、賀茂鶴酒造取締役会長の石井武志氏が書かれた碑文。石井武志氏は、檜高校長が西条小学校の訓導だったときの教え子でした。

教育碑の後ろは、ちょっとした公園になっていて、子供たちが遊べる遊具が並んでいます。教育者として生きた祖父は、子供たちの笑い声が響きわたるこの環境をとても気に入っていることでしょう。

第二十章　卒業生から見た檜高校長　～元賀茂鶴酒造名誉会長　石井泰行さん

元賀茂鶴酒造名誉会長、石井泰行さんに、当時の西条小学校や檜高憲三について語っていただきました。

◆檜高憲三が西条小学校の校長として迎えられたいきさつ

「檜高先生には、私のおやじなんかが習っているんですからね。そのときに吉井町長が目をつけたわけですよ。えらい優秀な先生がいるなあということで……。その頃は、なにしろ西条は昔宿場町であったということと、酒造りの会社が多いということで、酔いたんぼう（酔っぱらい）が多かったわけですよ。町の改革をやらにゃあいかんというのが、吉井町長の持論《じろん》でね。それには、教育からやらにゃあいかんということで、それで、檜高先生をお招きしたんですね」

◆優秀な教師を集める

「檜高校長がものすごく目をつけてね、優秀な先生方を連れてきておられました。西条小学校の先生だった方はみんな、教育長になったり、校長、教頭なんかになっていきましたね。優秀な人を連れてきていたということは事実でしょうね」

「教員を集めて、かなり夜遅くまで再教育をやっていましたからね。有終舎でやっていましたよ」

◆西条小学校の授業

「担任の先生が理科の先生だったから、直流の6V（ボルト）と交流の6Vと、12Vの線が教室中に張ってあって、いつでもそれを使って実験ができるようになっていました。我々が問題を提起し、それに沿ってやって、あとで先生が講評されるということもありましたね」

石井さんは、西条小学校卒業後、難関の広島高等師範学校附属中学校（現在の広島大学附属中学校）に進学されましたが、中学校三年間で習う理科の実験は、西条小学校で、もう全部すませていたのだそうです。

「『そんなことはもうとっくにやったがのう』というような感じじゃありましたね。定型で、これとこれとこれを教えるというような発想じゃなくて、理科全般とか、物理全般について教えてもらったということじゃないかと思いますねぇ。それで、『これもやった、これもやった』という感じじゃったですねぇ」

◆伸ばす教育

「個性を伸ばす教育であったような気がしますね。そういう余裕のあるような教育のしかたを檜高校長は采配《さいはい》をふるってやっておられたように思います」

「私らのときも、算数が得意な子が二人ぐらいおったけど、どんどん進んでいって、かなり高度なのをやりよったんじゃないんですかね。自分自身でやっていくやり方の基礎を教えてもらって、それでずっと進んでいったというような部分があるんじゃないんですかね」

◆敬語をたたき込まれる

「良くも悪くも全部、檜高先生に教えてもらったんです。私と、西条小学校の卒業生の、東映の岡田茂さん（元東映社長）と、吉村仁さん（元厚生省事務次官）が集まったら、いつもそういう話になる。

まず、敬語というものを徹底的にたたき込まれてね。僕が附属中学に入ったときに、広島の小学校から来た者は、言葉が悪いんよね。『先生が来た』とかね。西条小学校では敬語を徹底的に教えていましたからね。西条教育研究大会のときは、全国から来られる先生方を駅へ迎えに行くわけですよ。『今、お着きですか。ご案内いたしますから』などと言ったら、『言葉がいいなあ』とほめてくださいました。教え込まれているんですからね」

◆檜高校長は長髪

「檜高先生は、最後まで丸刈りにされなかったですよ。長髪だったんですよ。普通は丸刈りですよ、みんな。戦時中だから。海軍ぐらいのことですよ、髪伸ばしておったのはね。みんな陸軍スタイルをさせられていました。檜高先生は国民服は着られたけど、髪は長髪だった。刈り上げてはあったけどね。長髪ですよ」

◆活躍する卒業生たち

「私は二十五年間東京にいて、東京の広島県人とのつきあいが長かったですからね。東京で、岡田さんが『おい、今晩集まれー』と言ったら、十五、六人ぐらい西条小学校の出身者がおりましたからねぇ。店の人がびっくりしよったですよ。店の人が『あなたたち同じ小学校ですか』と言ったら、『そうよ、みな一緒よ』と。医者や、電通の局長や、省庁に勤めとる者や……。みな檜高先生の教え子です。ガキ大将がみな、東京に出てきとったんかもしれんですね。気性が強いというか、ひと癖あるような者が……。『敬語を仕込まれたよのう』というのは、みんなの共通した意識だったですね」

◆檜高教育

石井さんは、人脈づくりや人間関係など、西条小学校で知らず知らずのうちに学んできたことが、大人になってからも、仕事の上で大いに役立ったのだそうです。

「こういう発想は、結局は、檜高教育で植えつけられたのかもしれませんね。突っ込んでいくというか、もう一歩入る。相手が初対面であっても、もう一歩入ることで、話がずいぶん広がりますからね。我々は、そういうことを自然に身につけさせられたのかなという感じがしますね」

「そこらがね、普通の人とちょっと違うわけですよ。真面目に教えられたということでなくてね、もっと人間的な生き方というような感じでねぇ。そういう要素を、檜高先生に教え込まれたという感じがしますよね。『檜高的手法』よね。みんなそうなんです。岡田さんや吉村さんもそこらのところが共通していて、『つう言やかぁ』(つうと言えばかあ)のところがあるんだけど……。他の者には理解できないところがある。子供のときの教育というのは、非常に大事なんですね」

◆一隅を照らす人になれ

「聞きました。いい言葉だと思いますね。どこにいてもどういう立場でも、それぞれの立場で役に立つ部分があるじゃないですか。檜高校長の好きな言葉だったんでしょうが、よく聞かされていました。東京の県人会のメンバーたちは、岡田さんにしても、吉村さんにしても、みんな覚えとりましたからねぇ。影響は、あったんじゃないんですかねぇ。『一隅を照らす者になれ』と言われたことを覚えていて、みんなそれぞれそういうふうになっとったねぇ。オリジナルということ（独創性）を、それぞれ打ち出しとったということはあるでしょうよね」

◆広がる西条教育

「私立みたいに、いろんなところから児童がこの学校へ寄ってくるというわけじゃないですからね。公立は、地区によって決まっているんですからね。

西条教育が広がっていって、西条小学校の影響を他の小学校が受けるというところはありましたね。この辺の校長はみな檜高先生に鍛えられています」

◆独創教育によって西条の町は変わったか

「それは、ある意味ではあると思いますよ。やっぱり檜高校長がおられなかったら、ちょっと今の西条にはなっとらんと思いますね」

◆西条の洪水

「昭和二十年、終戦の頃ですよね。ここ（ＪＲ西条駅付近）から南のほうは全部洪水で浸《つ》かって、今の市役所のあたりなんかも水が出たんですよ。それを、檜高校長が警察署長に働きかけて、暗きょ排水の問題を解決していったんですよ。あの頃はまだ、内務省の系統を引いているから、ここらの長の中では、警察署長が一番偉かったんでしょうね。全員動員して。今、西条に洪水がないというのは、全部それですよ。昭和二十年頃に暗きょ排水なんかをやる予算も、どこから引っぱり出してきたのかわからんけれども。檜高校長がいろいろ考えてね」

◆文部大臣になるという話もあった

「一時《いちじ》、檜高先生が出るという話もあったんですからね。かなり期待されていましたからね」

その後、広島県賀茂郡西条町は、昭和四十九（一九七四）年に周辺の町と合併し、東広島市となります。東広島市では、広島大学の移転がきっかけとなり、道路が整備され、工業団地の造成も行われ、多くの科学技術研究機関が集まる研究団地「広島中央サイエンスパーク」の建設の構想ももちあがり、研究学園都市をめざすことになります。

石井さんは、西条小学校の檜高校長の教え子が中央省庁に多くいたので、その人脈が東広島市の発展に貢献したのだろうとおっしゃっています。

檜高憲三が二十六歳で校長になった当時は、西条町は大きな問題を抱え、まずは、将来を担う子供たちを教育するところから始めなければならないような状況でした。

ところが、西条町は、この数十年でめざましいほどの発展を遂げます。卒業生たちは、中央省庁から働きかける者、町に残って地元のために貢献する者、形はさまざまですが、母校西条小学校を愛し、ふるさと西条を愛し、町の発展のために尽くしたのです。

檜高憲三からバトンを渡された教え子たちが、町の発展のために尽くしてくれる。やはり、自分のやってきた西条独創教育は間違いではなかったと、檜高憲三は、さぞかし満足していることでしょう。

第二十一章　あの世からのメッセージ

ある夜のことです。私が眠っていると、祖父、檜高憲三が夢枕に立ちました。
祖父は、夢の中で、このように告げました。

「日本国民の原点ともなる教育を私たちはやってきました。
教師が子を思う気持ち、校長としての教職員の育て方、子供へのしつけのしかたなど、その
神髄は今も昔も変わらない。

私は、西条のみんながこぞって推薦したり受け入れてくれているのを知って、郷土を興《おこ》すた
めにも、みんなの気持ちに応えなければいけないという思いで、校長を引き受けました。やっ
ているうちに、いろいろなアイデアが生まれ、良い教師たちが育ってくれて、みんなで独創教
育ができた。子供たちも期待に応えて、よくついてきてくれました。そして、町のみんなの協
力も得て、これほどの盛り上がりをみせることができました。独創教育は、私一人の力では、
とてもできなかったことなのです。

私には、師範学校時代や附属小学校時代に研究した、教育の大きな理想がありました。

二十六歳で校長に抜擢されたとき、私は、教育もまだなされていないような西条で、いろんな子供が混在しているような状態で、附属小学校のやり方が通用するものかどうか、やってみたいと思ったのです。ですが、やってみますと、子供たちはとても素直で、自ら進んで考え、実践できる子供になり、私が当初考えていた以上の成果をあげることができました。この独創教育の考え方は、子供の中に浸透し、その子の生涯にわたって大きな影響を与えることとなりました。私は、それこそが本物の教育だと思っています。

私がよく言っていた『一隅を照らす人になれ』という言葉ですが、私には、子供たちに闇を照らす人になってほしいという思いがありました。どんな分野であっても、自分の信ずる道を貫き、世の中に光をあてていってほしいと思うのです。日本の中の一つの小学校から、発信されたものの見方や考え方が、世の中を大きく変えていくのではないかと私は考えました。どんな仕事に就《つ》いても、その分野で一生懸命やっていれば、その会社だけでなく、地域社会、そして世の中をも大きく変えていくことにつながっていくと思うのです。

学校教育は、その人間の将来を左右する大事な部分です。良い教育、良いしつけを受け、尊敬できる立派な教師と出会うことで、その子の人生は大きく変わります。教育に携わる者は、己《おのれ》を磨き、自分の後ろ姿で生徒を導くほどの人間性をもたなければなりません。『教育は聖職である』ということを肝に銘じ、誇りをもって、子供にあたっていただきたいと思います。日本の将来を担う子供たちを、今、自分が育てているのだということを常に念頭におき、先を見ながら、その子供たちの将来を考えてやっていかなければ良い教育にはなりません。教育の問題も、当時と比べ、複雑になってきているようですが、信念を貫く強い心をもてば、必ず周りの理解を得られる時が来るでしょう。

どんなに時代が変わろうとも真理は一つです。子供たちへの愛情、熱心さなど、私たちがやってきた教育は、現代でもきっと理解されるものだと思います。

小さな学校ですが、こんなに頑張っていたということを世の中に知らせることによって、現代の教育者の中にも、魂が目覚める方々が出てこられるのではないかと期待しています。みなさんがそれぞれ独創性を伸ばし、誇りをもって生きていかれることを切に願います」

おわりに

最後までお読みいただきまして、ありがとうございます。

今からちょうど二年前、私は堀越先生と初めてお会いし、当時の西条小学校のことをいろいろと教えていただきました。当初は、本を執筆するなど考えたこともなく、ただ孫として、祖父がどのような人で、何をしてきたのかを知りたいという思いだけがありました。

しかし、何度かお話をお聞きするうちに、これは現代の私たちにとって必要な、たいへん貴重なお話であるということに気づき、私一人が自分の楽しみだけで聞くのはもったいないような気がしてきたのです。

それからというもの、不思議なことに、たまたま出会った方が西条小学校の卒業生の方と私を引き合わせてくださったり、祖父のことが新聞記事に載っていたり、ケーブルテレビで祖父や旧西条小学校のことを取り上げたいというお話が来たり……。祖父に関するいろいろなことが、次から次へと、めまぐるしく起こり始めたのです。まさに何かに導かれているのではないかと思えるように、「西条教育」の鍵を握る人たちとのご縁が次々とできるのです。そして私は、知らず知らずのうちに西条教育について真剣に取り組まなければならない状況へと置かれていくのです。

堀越先生は九十七歳とご高齢ですし、お話を伺った卒業生のみなさんも八十代です。このままでは、西条教育が忘れ去られる、みなさんのせっかくのすばらしい体験が語り継がれないままに終わってしまうのではないかと私は焦り始めました。

しだいに、檜高校長や堀越先生の熱い思い、西条小学校の独創教育を、世の中の人々に伝えたいと思うようになってきました。本を書いて世に残すことが、檜高校長の孫としての私の使命であり、務めではないかと考えるようになってきたのです。

一年ぐらい前から少しずつ書き始め、このたび、ようやく完成にこぎつけました。

期せずして、檜高憲三が亡くなって、今年が五十回忌にあたります。また、校長を退職して七十年になる、ちょうど節目の年でもありました。そのことをあとから知り、私はたいへん驚いております。

西条教育の精神、西条教育の魂は、卒業生の中に生き続け、親から子へ、教師から教師へ、教師から児童・生徒へと、これからも受け継がれていくことでしょう。

本書を手にしてくださったあなたに、もし本書のどこか一部でも、共感していただける箇所がありましたら、著者として、この上ない喜びであります。

本著『愛の独創教育　奇跡の実践』は、堀越先生との出会いで誕生しました。先生のご尽力には、心より感謝申し上げます。私自身、この二年間先生からいろいろなことを勉強させていただき、ずいぶん成長することができたように思います。

生前、私に檜高憲三との楽しい貴重なエピソードをお話しくださり、いろいろとご協力くださいました故岡崎正寛先生。すばらしい記憶力で、西条小学校の様子をありありと面白く語ってくださいました、西条小学校の卒業生の石井泰行様、津森金三様、津森昭二様、内藤満枝様、中原（旧姓内藤）頼子様、二野宮淑子様（五十音順）。そして、私たち家族も知らなかった檜高憲三の家族のお話を聞かせてくださいました檜垣マスエ様。東郷平八郎元帥揮毫の「独創」に関する写真や情報提供のご協力をいただきました渡部和雄様・和代様ご夫妻。本書の執筆に関しご丁寧なアドバイスをくださり、また多方面からご尽力を賜りました県立広島大学非常勤講師の平賀正幸先生。堀越先生との出会いをはじめ、多くの方々との出会いの機会をつくり、本書の制作にもご尽力くださいました東広島郷土史研究会の菅川孝彦様。資料提供でご協力くださいましたＫＡＭＯＮケーブルテレビの竹本知弘様。私に本書の執筆の最初のきっかけを与え、教育史の面白さを教えてくださいました大学教員の鈴木和正先生。いろいろな方面からご協力くださり、応援してくださった皆様方。ザメディアジョンプレス、ならびに制作に関わってくださいました皆様。すべての方々に感謝し、謹んで御礼申し上げます。

最後に、身近なところでいつも私を支えてくれた母、応援してくれた家族たちにも感謝の言葉を捧げたいと思います。

二〇一五年　六月吉日

桧高　明子

主要参考文献・資料

○扇田博元（一九八三）『独創教育への改革　―真の実力とはなにか―』第一書房
○千葉命吉（一九二一）『一切衝動皆満足』同文館
○千葉命吉（一九二七）『獨創教育十論』厚生閣書店
○檜高憲三（一九三七）『西條教育の實際』みかつき社
○檜高憲三（一九四一）『皇民錬成　西條教育』第一出版協会
○西条町　（一九七一）『西条町誌』第一法規出版
○中国新聞（二〇一三）「生きて　―石井泰行さん　②七月二十六日　⑨八月六日」

著者紹介

桧高　明子（ひだかあきこ）

広島県東広島市在住。檜高憲三の孫。ノートルダム清心中・高等学校、広島大学学校教育学部（現在は教育学部）卒業。父親が1980年に開校した学習塾「独創学園」を受け継ぎ、小学・中学・高校生の指導に携わる。
また、「〜癒しの館〜 フレグランス・ライト」も経営。さまざまな人々の悩みの相談にのり、よりよく生きていくためのアドバイスを行っている。

愛の独創教育　奇跡の実践　－檜高校長二十六歳からの挑戦－

2015年8月26日　初版発行

著　者　桧高明子
発行人　田中朋博

〒733-0011
発行　株式会社ザメディアジョンプレス　広島県広島市西区横川町2-5-15
TEL 082-503-5051　FAX 082-503-5052
ホームページ　http://www.mediasion.co.jp

編集　梶津利江
装丁　こはる
校正　黒星恵美子

発売　株式会社ザメディアジョン　広島県広島市西区横川町2-5-15
TEL 082-503-5035　FAX082-503-5036
販売　大田光悦　小田昌平　小田厚美

印刷・製本　株式会社 シナノパブリッシングプレス

JASRAC　出　1509120-501

Printed in Japan　ISBN978-4-86250-382-4　※定価はカバーに表示しております。